manual práctico del CORREDOR

Del footing al maratón

Editor: Jesús Domingo
Coordinación editorial: Paloma González
Revisión técnica: Alberto Muñoz Soler

Primera edición: marzo, 1999
Segunda edición: noviembre, 1999

Título original: *The Essential Runner*
Publicado en EE.UU. por Lyons Press, New York

Marqués de Urquijo, 34. 28008 Madrid
Tlf: 91 559 98 32. Fax: 91 541 02 35
E-mail: tutor@autovia.com

Socio fundador
de la World Sportpublishers Association
(WSA)

ISBN: 84-7902-225-6
Depósito legal: M-41.667-1999
Impreso en EFCA, S.A.
Impreso en España - *Printed in Spain*

Advertencia:

Este libro no pretende sustituir los consejos médicos. Cualquier persona que comience un programa para corredores debe contar con la autorización de su médico, especialmente; los mayores de 45 años, quienes tengan un historial familiar de enfermedades coronarias, o hipertensión, o colesterol alto, o diabetes, u obesidad, o sean fumadores.

John Hanc

manual práctico del CORREDOR

Del footing al maratón

"Este libro es conciso, serio y fácil de leer. Es todo lo que se necesita para empezar una nueva vida como corredor."

BILL RODGERS, cuatro veces ganador de las maratones de Boston y Nueva York.

TUTOR

CONTENIDO

PRÓLOGO

AMBY BURFOOT

EDITOR EJECUTIVO DE LA REVISTA
RUNNER'S WORLD

Todo corredor es un principiante. Un corredor joven es un principiante. Un hombre de mediana edad que se preocupa por su incipiente barriga es un principiante. Una mujer de 52 años cuyos hijos se han ido por fin a la universidad es una principiante. También lo es el corredor lesionado que está rehabilitándose, el universitario que quiere hacer ejercicio para perder peso o el ejecutivo que por fin ha dejado tiempo libre en su apretada agenda para volver a correr.

Yo mismo soy un principiante. Mientras escribo estas líneas, acabo de empezar a entrenar para correr mi primera maratón en cinco años. Hace 25, gané la maratón de Boston y, desde entonces, he seguido corriendo más o menos ininterrumpidamente. Pero en la actualidad vuelvo a sentirme como un principiante.

No podría ser de otro modo. El corredor novato es el más afortunado. Ante él se extiende un camino de longitud y aventuras desconocidas que, forzosamente, está lleno de desafíos y de obstáculos. Pero, como yo he aprendido, también está plagado de placeres y de éxitos insospechados.

Los principiantes casi siempre consiguen mucho más de lo habían considerado posible. ¿Quién hubiera pensado que podían correr hasta el final de la manzana y volver sin pararse? ¿O rodear cuatro veces el instituto del barrio? ¿O ir desde el puente Verrano-Narrows, atravesando los cinco distritos municipales de Nueva York, hasta el final del recorrido de la maratón de Nueva York, en Central Park?

Sin embargo, un porcentaje increíblemente alto de los corredores que acometen estas proezas las realizan con éxito. La asociación *New York Road Runners Club*, que organiza la maratón, mantiene un registro preciso de todos los que empiezan y los que terminan. Cada año, en noviembre, más de 25.000 corredores empiezan la maratón (jóvenes francesas, gente de mediana edad de Nebraska, fibrosos neozelandeses de cabello canoso y más de 70 años...). Y, cada año, un sorprendente 95% finaliza los 40 kilómetros de ese arduo y accidentado recorrido. Según parece, un porcentaje igual de alto no puede creer que lo ha conseguido. Créanme. Sé mucho sobre estos asuntos, porque un gran número de esas personas me envía sus historias a *Runner's World*, con la esperanza de que las publique.

No puedo publicarlas, o al menos no muchas, pero las leo todas, y tengo que admitir que me impresionan. En ellas se va del comienzo más humilde al desenlace más espectacular. Gente con problemas de sobrepeso o de adicción al tabaco, las drogas o el alcohol empieza a correr y, casi sin darse cuenta, está cruzando la línea de meta, llorando de emoción. Una y otra vez, las historias terminan con la frase: «Fue el día en el que me sentí más feliz y orgulloso de toda mi vida».

Incluso después de la maratón, los corredores siguen escribiéndome. Una vez que han realizado lo que parecía imposible, muchos de ellos van más allá y quieren enfrentarse a nuevos desafíos en sus vidas. Se deciden por fin a divorciarse, dejar un trabajo sin futuro, pedir un merecido ascenso o volver a la universidad. «Una vez que se ha conquistado una carrera», me dicen en sus cartas, «nada parece tan difícil como antes».

De hecho, después de todos estos años, he aprendido que terminar una maratón (o sólo 10 ó 15 kilómetros, si ésa es la distancia que se decide recorrer) no es únicamente un logro deportivo. Es un estado mental, en el que todo es posible.

Actualmente, la empresa de calzado deportivo Nike es famosa por su eslogan «Just Do It» (simplemente, hazlo). Pero, hace algunos años, abogaba por uno diferente: «There Is No Finish Line» (no hay línea de meta). Esto es precisamente lo que asimila cualquier corredor de maratones: que las lecciones que se aprenden en una carrera se aplican a los demás aspectos de la vida. Y es exactamente lo que he aprendido después de 30 años corriendo.

En 1968, con sólo 22 años, gané la maratón de Boston. Fue un triunfo merecido, porque me entrené más que nadie y consagré mi vida al éxito. Pero esa consagración (el entrenamiento y la preparación mental) no es importante. Hoy en día, no me importa gran cosa el diploma de haber ganado la maratón de Boston. Lo que importa es que he desarrollado una determinada actitud hacia este deporte. Contemplo cada día, cada año, cada fase de mi carrera como un nuevo principio, que sólo puede llevarme a una regeneración, a un mayor conocimiento de mí mismo y a horizontes nuevos y emocionantes.

El mismo año que corrí en Boston también gané la *Thanksgiving Day Turkey Trot* (marcha del pavo del Día de Acción de Gracias) de Manchester (Connecticut). Gané esa misma carrera otras ocho veces a lo largo de la siguiente década. Mi última victoria fue en 1977. Seguramente se estará preguntando por qué le aburro con detalles sobre una carrera relativamente poco importante. Es muy sencillo. Porque, para mí, Manchester es cualquier cosa menos poco importante. De hecho, se ha hecho mucho más importante para mí que ganar en Boston, competir en los Juegos Olímpicos o cualquiera de las otras grandes carreras en las que he participado a lo largo de mi vida. Incluso aunque ya no gano en la carrera de Manchester, sigo participando en ella. Desde hace 30 años, todas las mañanas del día de Acción de Gracias me coloco en la línea de salida de esta carrera y siempre cruzo la línea de meta al final del recorrido. Un año tenía neumonía y me vi obligado a correr al final del grupo. Otro año me dio un tirón en la pierna y tuve que ir cojeando hasta la meta. En el mejor de los casos, corro algo más despacio que hace dos décadas. Pero corro todos los años, desde hace 30. Si hay una línea de meta, todavía no la he visto. Y espero no hacerlo nunca.

En una ocasión, Woody Allen dijo que la vida consiste, en un 90%, sólo en hacer acto de presencia (o el 95%, o el 99%, según dónde se lea la broma). En Nike deberían darle trabajo a Allen para escribir eslóganes. Lo que Allen dijo sobre la vida se aplica aún más a este deporte, en el que al menos el 99% es sólo hacer acto de presencia, salir ahí fuera y poner un pie delante del otro.

Aun así, se necesita un mapa para no perderse, y eso es exactamente lo que John Hanc nos proporciona en estas páginas. John lo ha experimentado él mismo, como corredor y como periodista deportivo, y conoce a la perfección el asunto. Cuando habla del calzado, la nutrición, la duración de los entrenamientos, la preparación de maratones o de cualquier otro tema, conoce el deporte y sabe cómo comunicar sus principios básicos.

Si ha comprado este libro, es obvio que está interesado en empezar a correr, ya sea por primera o por enésima vez. Es afortunado. Con John como guía, no puede equivocarse. Sólo hay una cosa que él no puede hacer: salir a la calle y correr por usted. Tiene que ser usted quien salga a correr. Envidio su suerte.

INTRODUCCIÓN

En 1975, Max Popper estaba totalmente desanimado. Acababa de jubilarse de su trabajo como técnico municipal de la ciudad de Nueva York. En ese momento, al enfrentarse al resto de su vida, empezó a deprimirse cada vez más. «No estaba preparado para la jubilación», recuerda. «Durante dos años estuve hecho polvo. Pensaba cosas absurdas y me sentía tan mal que hasta llegué a considerar el suicidio».

Para ayudar a su padre a superar la tristeza, el hijo de Popper, Andrew, propuso que salieran a correr. Max se negó, pero, tras mucho insistir, se unió a Andrew para ir a correr por Central Park. Puso un pie delante del otro... y no ha parado desde entonces.

Popper se convirtió en uno de los mejores corredores mayores de EE.UU. En 1986, a la edad de 83 años, batió récords en distancias de 5 a 25 kilómetros. Ese año, superó por dos minutos el récord en la media maratón (21 kilómetros), registrando un tiempo de 1 hora y 50 minutos, una marca nada desdeñable incluso para gente con la mitad de años que él.

Pero la velocidad a la que corre Max parece ser menos importante que el hecho de que corre. «A la gente no le importan mis tiempos», admite. «Cuando ven al corredor de más edad, se sienten inspirados.» De hecho, Max parece provocar invariablemente los aplausos más entusiastas en cualquier acontecimiento en el que compite. Personalidades como el presidente de la asociación *New York Road Runners Club*, Fred Lebow, o el difunto Dr. George Sheehan, escritor y cardiólogo, han dicho de él que es un héroe.

Quizá sea su aspecto elegante: con su mata de pelo y sus 55 kg de peso, podría pasar por un hombre 20 años más joven. O quizá sea porque creen que Max conoce el secreto de la vida y la longevidad. «La gente me pregunta sobre mi alimentación y mi forma de entrenarme. Incluso me hacen preguntas sobre mi vida sexual». Eso, dice Max, no es asunto de nadie. Pero lo que puedo decir es que, aparte de su dotación genética, el éxito de Max no tiene ningún misterio, aunque sí hay que aprender algo de él. A la edad de 90 años, Max nos enseña las ventajas del ejercicio y de una buena forma física. Nos demuestra que un plan de entrenamiento, combinado con una dieta adecuada y un estilo de vida saludable, puede cambiar drásticamente nuestro aspecto y nuestra forma de sentir, actuar, trabajar y vivir.

La comunidad médica, poco a poco y con cautela, ha llegado a las mismas conclusiones. Pero sus estudios y sus estadísticas, aunque son importantes e impresionan, no pueden competir con la prueba sencilla y viviente que ofrece gente como Max. «Yo soy la confirmación de lo que este deporte promete: que añadirá a la vida de cualquier persona años llenos de significado y de actividad», dice.

No hace falta correr una maratón para descubrir lo que Max ha aprendido. No es necesario correr muy rápido, ni recorrer distancias muy largas, ni hacerlo todos los días. Ni siquiera hace falta correr. Hay muchas otras actividades beneficiosas para el sistema cardiovascular (como la natación, el ciclismo, el esquí de fondo o simplemente los paseos) que pueden ayudar a obtener los mismos beneficios y que muchos corredores incluyen en sus planes de entrenamiento.

Pero, como el mismo Max ha descubierto, pocas son tan accesibles, baratas y satisfactorias como correr. Por este motivo, actualmente, pasados má de 25 años después de que Frank Shorter ganara la maratón de los Juegos Olímpicos de 1972, contribuyendo así al llamado «boom del *footing*», miles de personas comienzan a practicar este deporte cada año, y muchas más continúan haciéndolo. ¿Por qué? Probablemente, por las mismas razones que hacen que Max siga corriendo varios kilómetros cada día, algo que esperamos que siga haciendo en el próximo siglo.

«Cuando se tiene el espíritu de este deporte, se tiene ilusión por la vida», afirma Max. «Creo firmemente que no habría vivido tanto ni habría sido tan feliz si no hubiese empezado a correr».

Así pues, ¿qué puede hacer este deporte por usted? ¿Mejorar su técnica en el tenis? ¿Cambiar su vida? Quizá, un poco de las dos cosas.

1

QUÉ LE PASA A SU CUERPO CUANDO CORRE

Pone un pie delante del otro y comienza a moverse, cada vez más y más rápido. Ya está corriendo. Puede que se ponga a resoplar y jadear. Probablemente empiece a sudar. Sin duda comprenderá por qué lo llaman entrenamiento.

¿Por qué? ¿Qué está pasando en su interior? No necesita ser un experto en medicina, pero debería saber lo que le ocurre a su cuerpo cuando corre: qué hace y para qué lo hace.

El cardiólogo y corredor de maratones John Peters explica a los niños cómo funciona el sistema cardiovascular comparándolo con los coches. Este ejemplo resultará igualmente sencillo de entender a los adultos. «Piense en el corazón como en el motor, porque es lo que realmente hace que el cuerpo funcione», dice Peters. «El oxígeno es como la gasolina y se obtiene de los pulmones, que son el depósito de combustible. Para que el coche funcione de forma adecuada, se necesitan tubos limpios, las arterias, que deben estar abiertas y despejadas para transportar el oxígeno del corazón a los músculos. Por último, cuando todo el proceso funciona correctamente, las ruedas giran: sus pies se mueven».

Podemos llevar aún más lejos esta ingeniosa comparación. Cuando pisa el acelerador de su coche, el motor responde trabajando más. Cuando se pone a correr o a realizar un ejercicio agotador, su cuerpo responde de la misma forma. Primero aumenta el ritmo cardiaco. Cuánto y a qué velocidad depende de su estado físico y del esfuerzo al que esté sometiendo a su corazón. Cada vez que le pide a su cuerpo que trabaje, ya sea para remar, empujar un cortacésped o correr una maratón, los músculos que deben responder a la tarea piden más oxígeno. Y la única forma de conseguirlo es mediante un mayor flujo sanguíneo que vaya desde otras partes del cuerpo, donde en ese momento no es tan importante, hacia el lugar en el que se desarrolla la acción, en caso de que esté corriendo, las piernas.

Ahora bien, tenga en cuenta que la función del corazón es actuar como una bomba. Cuando corre a mayor velocidad, el corazón late más rápido, bombeando seis veces más sangre que cuando está en reposo. Para mandar la sangre a donde es necesaria, el corazón tiene que latir más deprisa, de modo que cada vez que se contrae bombea más sangre, enviándola a través de las arterias.

Puede dar la impresión de que está pidiéndole demasiado a su corazoncito. Pero no es algo que un corazón sano no pueda soportar. «Una cosa es el esfuerzo y otra el agotamiento», afirma Peters. Recuerde que el corazón es un músculo y que, como cualquier otro, necesita más sangre cuando se le pide que trabaje más.

El corazón recibe su suministro de sangre a través de las arterias coronarias. A medida que la demanda aumenta durante el ejercicio, el flujo sanguíneo también debería aumentar, siempre y cuando no haya ninguna obstrucción en las arterias coronarias. Esas obstrucciones, también llamadas oclusiones, pueden ser precursoras de una angina de pecho o de un ataque al corazón. Por este motivo, siempre es recomendable que las personas que vayan a empezar a correr o a realizar cualquier plan de entrenamiento se hagan antes una revisión. Usted también debería hacerlo, sobre todo si tiene más de 40 años o antecedentes de enfermedades cardiacas en la familia. Lo más probable es que su médico no sólo le permita hacer deporte, sino que además le anime a ello. A pesar de que puede haber ciertas discrepancias entre los médicos sobre cuánto y hasta qué punto, no hay duda de que correr tiene efectos beneficiosos sobre el corazón y los pulmones. Examinaremos esos efectos un poco más adelante.

Pero, antes, volvamos al cuerpo en movimiento. Hemos hablado de cómo correr ayuda a fortalecer el corazón, obligándolo a trabajar más. Sin embargo, cuando está corriendo, normalmente no es consciente de los latidos del corazón. Lo que sí oye es el sonido de su respiración haciéndose más pesada y trabajosa a medida que avanza (especialmente si acaba de empezar o si está corriendo más deprisa de lo que debería).

En reposo, la mayoría de nosotros no usa más que el 40% o el 50% de su capacidad pulmonar total. Pero cuando empezamos a correr, nuestra demanda de oxígeno aumenta y comenzamos a respirar cada vez más hondo. Cuanto más lo hacemos, más tejido pulmonar empleamos para realizar el trabajo. En otras palabras, aprovechamos más nuestra capacidad pulmonar.

Así es que ahí está usted, corriendo, con todos sus sistemas en pleno funcionamiento. El corazón bombea, la sangre fluye, las piernas se mueven, los pulmones se expanden. Podría parecer que está sometiendo a su cuerpo a un esfuerzo excesivo y peligroso, empujándolo hacia una sobrecarga. En realidad, es justamente lo contrario. Correr nos ayuda a utilizar el cuerpo en todas sus capacidades, que es precisamente lo que debemos hacer. Seguramente ha oído la expresión «si algo no se usa, se atrofia». Sin duda, se puede aplicar al sistema cardiorrespiratorio. A no ser que le dé al cuerpo la oportunidad de hacer ejercicio regularmente, se perderá todo su potencial como la máquina más eficaz que ha creado la naturaleza.

«Es como tener un coche que puede correr a 220 km/h, pero conducirlo sólo a 60 km/h», dice Peters, usando, una vez más, su comparación favorita. «Al final no podrá alcanzar los 220».

Su cuerpo no está pensado para ir a 220, pero tampoco está hecho para pasar la mayor parte del tiempo en una silla, en el autobús o en el asiento delantero de un vehículo motorizado. Éste es el motivo por el que tanta gente responde favorablemente cuando corre o realiza un plan de entrenamiento. Por primera vez en sus vidas (o por lo menos desde el instituto o la mili) están empleando todo su potencial natural.

Los corredores que ve por los caminos o por la calle no están haciendo nada que no fueran capaces de hacer antes. Están haciendo exactamente lo que se supone que su cuerpo debe hacer, lo cual da un nuevo significado a la expresión «nacido para correr». Creo que mientras esté entrenando, correr le parecerá lo más natural del mundo. Y puede que así sea.

QUÉ BENEFICIOS OBTIENE SU CUERPO AL PRACTICAR ESTE DEPORTE

Hemos hablado de lo que le pasa al cuerpo al correr. Ahora vamos a hablar de lo que este deporte hace por usted.

1. Correr ayuda a disminuir la presión sanguínea, porque mantiene la elasticidad de las arterias. Para controlar el aumento del flujo sanguíneo que se produce al correr, las arterias deben ser capaces de dilatarse y contraerse más de lo que lo harían normalmente. Esto es extremadamente importante. «Si la arteria no es flexible, transportar la sangre a través de ella es como intentar conducir agua por una cañería de plomo», explica Peters. «La presión aumenta. Sin embargo, si se conduce el agua por una manguera de goma, que puede dilatarse, la presión permanece igual». La manguera no se rompería, la cañería sí. ¿Qué prefiere, que sus arterias sean como mangueras o como cañerías? Correr las mantiene elásticas, ayudando así a que la presión sanguínea siga baja.

2. Correr aumenta la capacidad de los pulmones y los mantiene fuertes. Ya hemos comentado que los pulmones se ven obligados a utilizar más tejido cuando, al correr, se empieza a respirar más profundamente. Sin este ejercicio, el 50% de la capacidad pulmonar, que normalmente no se usa, se perdería (de nuevo, volvemos al principio «si algo no se usa, se atrofia»). Y el ejercicio (correr o cualquier otro tipo de actividad aeróbica) es lo que usted necesita para mantener su capacidad pulmonar. Si tiene menos de 50 años y no ha dañado sus pulmones con el tabaco, correr ayudará a los pulmones a mantener todo su potencial. Si tiene más de 50 años, puede que ya haya perdido parte de su capacidad pumonar, por lo que quizá tarde un poco más de tiempo en sentirse cómodo corriendo. No pierda la esperanza: mucha gente ha conseguido recuperar todo su potencial pulmonar. ¡Es como una segunda oportunidad!

3. Correr fortalece el corazón y ayuda a prevenir ataques. Sí, esto es cierto, a pesar de lo que le ocurrió al gran Jim Fixx. No olvide que el corazón es un músculo como cualquier otro. Sin ejercicio, se atrofiará, haciéndose más débil y menos eficiente. Correr es uno de los mejores ejercicios (si no el mejor) para el corazón y los vasos sanguíneos, es decir, para el sistema cardiovascular. Este ejercicio exige un movimiento continuo y la utilización plena de los músculos, con lo que contribuye a que este órgano vital se mantenga fuerte y funcione con eficacia. ¿Hasta qué punto contribuye a hacerlo más eficaz? Tenga en cuenta que el corazón de una persona sedentaria late al día 36.000 veces más que el de una que esté en forma. En cuanto al sistema vascular, ya hemos mencionado que correr contribuye a mantener las arterias coronarias despejadas, para que puedan suministrar un mayor flujo sanguíneo al corazón que, a su vez, puede bombear más para suministrar una mayor cantidad de sangre a la parte inferior del cuepo. Las arterias bloqueadas y cerradas provocan los ataques al corazón. Aunque esto depende en parte de la dieta y de factores hereditarios, el ejercicio puede ayudar a que esto no ocurra. Como mantiene las *autopistas* arteriales despejadas, es una parte importante de la fórmula para prevenir la primera causa de muertes en EE.UU.

4. Correr proporciona energía suplementaria para la vida diaria. Sí, ya sé que parece el reclamo publicitario de algún producto alimentario milagroso. Sin embargo, pregúntele a cualquier amigo que corra y le dirá que se siente mucho más activo desde que empezó a entrenar. El motivo es el siguiente. El ejercicio regular hace que su cuerpo funcione más eficientemente, no sólo cuando está entrenando, sino a lo largo de todo el día. Será capaz de realizar el mismo trabajo gastando menos energía. Podrá trabajar más tiempo, porque dispondrá de más energía. Y no estará tan cansado al final de una jornada de trabajo, porque habrá realizado las mismas tareas empleando menos energía. Esto se usó de forma espectacular en un anuncio para un hospital local de Nueva York. En primer lugar, se oía el sonido del corazón de un corredor de maratones durante una carrera: blup-dup, blup-dup, blup-dup. A continuación, se oía el sonido del corazón de una persona en baja forma mientras daba una vuelta a la manzana. Sonaba exactamente igual. La cuestión era que el corredor podía hacer más con la misma cantidad de energía, porque su corazón era más fuerte y más eficiente.

5. **Correr ayuda a perder peso.** Éste es el principal motivo por el que la gente empieza a correr. Y no hay duda de que correr quema calorías, si se hace durante el tiempo suficiente. Esta condición es importante para los principiantes, que suelen empezar por correr sólo 15 ó 20 minutos. Siento tener que decirlo, pero eso no basta para quemar las calorías de seis trozos de pizza. Una vez que se empieza a correr durante periodos de 45 a 60 minutos, se quema una gran cantidad de calorías y de grasa. En combinación con una dieta adecuada, esto debería suponer una pérdida significativa de peso, que se mantendrá mientras se siga haciendo ejercicio.

Además, correr tiene otros efectos beneficiosos que varían de un individuo a otro. Por ejemplo, una vez que haya empezado el entrenamiento, puede que note que duerme y come mejor y que se siente más relajado. Éstos son los efectos de este deporte sobre su calidad de vida. En opinión de Peters, derivan de los beneficios psicológicos de los que hemos hablado. «En términos de buena forma, la clave es la eficacia», afirma. «Correr ayuda a que funcione de forma más eficaz la totalidad del sistema: corazón, pulmones, arterias… Casi cualquier persona puede aprovecharse del 100% de estos beneficios».

QUÉ BENEFICIOS OBTIENE SU MENTE AL PRACTICAR ESTE DEPORTE

A cualquier persona que no corra le parece una locura que trotar por la calle kilómetro tras kilómetro pueda llevar a algo que se parezca al placer. Entre los corredores también hay divergencia de opiniones. Muchos aseguran que han alcanzado estados de euforia durante o después de una carrera. Pero para muchos otros, esta idea es absurda. Por ejemplo, un veterano me comentó en una ocasión: «El único bienestar que me produce correr llega después, cuando vuelvo a casa y me tomo un whisky».

Sigue siendo difícil determinar qué hay de verdad detrás de la llamada «euforia del corredor». En un principio, se usó el término «endorfinas» para designar a una clase de sustancias químicas que se segregan en el cerebro. Cuando actúan junto con otro tipo de medidores cerebrales llamados «encefalinas», estas sustancias imitan algunas de las propiedades de los opiáceos y se comportan como una especie de analgésico natural. De los 15 tipos que se han identificado, uno es el de las «betaendorfinas». Y es precisamente la combinación de las betaendorfinas con las encefalinas la que puede aliviar el dolor de un ejercicio fuerte.

Un investigador me explicó este proceso: estas sustancias liberan las neuronas (los nexos de comunicación) del sistema nervioso. «Es como desatascar un desagüe obstruido», me explicó. «Lo que fluye son los impulsos que envían una señal para reaccionar o mitigar el dolor».

Esto no ocurre sólo al correr. En realidad, se ha demostrado que se segrega betaendorfina durante la acupuntura (en la que se estimula un determinado nervio que hace que el cerebro reaccione) y en las situaciones de combate, en las que soldados que han perdido un miembro no sienten dolor debido al efecto anestésico de estas sustancias. Algunos científicos suponen que hay incluso personas que han aprendido a segregar endorfinas, lo que puede explicar proezas como caminar descalzo sobre ascuas.

Puede que todo esto le haga pensar que correr es tan divertido como que le metan esas ascuas por el cuello. No tanto. Mientras que los bioquímicos siguen debatiendo la relación entre las endorfinas y la euforia en el caso de los corredores, los psicólogos usan este deporte como un eficaz tratamiento de la depresión. De hecho, un equipo de investigadores ha llegado a la conclusión de que funciona tan bien como la psicoterapia tradicional.

En otro importante estudio se demostró que entre los corredores hay una menor incidencia de tensiones, depresiones, cansancio y confusión y que son más vigorosos que los que no corren. Estas conclusiones se repitieron en 1984 en un estudio sobre corredoras. Es más, estas investigaciones revelaron que los principiantes y los que corren menos kilómetros al día parecen obtener los mismos beneficios psicológicos que los más experimentados. La mujeres que corrían 39 kilómetros por semana (una media de tan sólo unos 5'5 kilómetros al día) obtenían la puntuación más alta en las pruebas de estado de ánimo y tan alta como la de corredoras de maratones en cuanto a la sensación de vigor.

Otros estudios han demostrado reducciones considerables de la tensión, ansiedad, irritabilidad y hostilidad entre los corredores. Esto está en la línea de la idea recurrente de que correr es una especie de «tranquilizante natural».

Aunque la investigación sobre la relación entre la euforia del corredor y las endorfinas no da resultados definitivos, las pruebas de los efectos que este deporte produce en el cerebro sugieren que los que lo practicamos (aunque no estemos en el séptimo cielo) no solemos tener el ánimo tan por los suelos como la mayoría de la gente en un atasco. «Un corredor tiene muchas probabilidades de tener un nivel de ansiedad menor que el de la mayoría de la población», concluyó un experto. «En otras palabras, parece que correr hace a la gente feliz».

Así pues, no salga a correr con la esperanza de sentir los efectos de las betaendorfinas. Sólo tiene que intentar correr y sentirse bien.

MEJORAR SU RENDIMIENTO EN OTROS DEPORTES

¿El hecho de correr hará que sea un mejor golfista o tenista? ¿Mejorará su rendimiento en otros deportes, como por ejemplo el baloncesto, el baseball, el fútbol o el fútbol americano? No. O por lo menos, no de forma directa.

Como le diría cualquier entrenador, la forma de mejorar en un deporte es practicar y desarrollar técnicas que son específicas de ese deporte. Es lógico, pero también hay otros factores: fuerza, velocidad y resistencia. Y es en esto en lo que puede ayudar el hecho de entrenar corriendo. Si mejora su resistencia, será capaz de mantenerse más fresco y, por lo tanto, de jugar mejor durante periodos de tiempo más largos. Por eso, muchos deportistas incorporan las carreras de distancia en sus planes de entrenamiento. Los boxeadores han estado haciéndolo desde los tiempos en que se peleaba sin guantes. En el baseball han empezado más recientemente, pero hoy en día muchos de los jugadores de liga (si no la mayoría) corren varios kilómetros antes de los partidos o fuera de temporada.

Correr proporciona algo más que resistencia: confianza. Ése es uno de los motivos por los que John Smith, dos veces medalla de oro en los Juegos Olímpicos y considerado por muchos el mejor luchador estadounidense de la historia, corre unos 5 ó 6 kilómetros al día. «Cuando salgo al ring», le dijo a un escritor, «sé que estoy preparado. Y cuando tengo esa certeza, hay veces que me siento invencible».

A continuación, vamos a ver cómo correr puede ayudar a mejorar la confianza, la resistencia y el rendimiento en un deporte especialmente popular: el tenis.

Según se dice, Jimmy Connors siempre corrió mucho a lo largo de toda su carrera, que fue extremadamente larga. ¿Por qué motivo? Adivine. Chris Evert también se dio cuenta de lo mismo: cuando, además de entrenar, corría, su resistencia y su rendimiento como tenista mejoraban. Y miles de jugadores menos dotados han aprendido lo mismo.

«No se juega al tenis para estar en forma», afirma Brad Patterson, de la *American Tennis Industry Foundation.* «Hay que estar en forma para jugar al tenis». Por supuesto, el tenis ya es de por sí un reto como actividad física. Pero si se quiere jugar mejor y durante más tiempo, correr debe ser parte del plan de entrenamiento. «Correr no mejorará su revés», dice Patterson. «Pero le permitirá hacerlo bien durante más tiempo».

También puede servir para elaborar una estrategia. En un partido, hay muchas probabilidades de que un jugador que se canse pronto intente un tiro arriesgado. En cambio, un jugador con una mayor resistencia tendrá más paciencia y confianza, y habrá menos probabilidades de que asuma riesgos innecesarios sólo porque su cuerpo esté diciendo: «¡Ya basta!».

Una vez más, correr no es suficiente para hacer que sea un jugador excepcional de tenis, fútbol o cualquier otro deporte. Y hay otras cosas básicas que debe hacer para mejorar, como por ejemplo ejercicios de estiramiento y de fortalecimiento, e incluso distintos tipos de carreras: esprints, correr marcha atrás o de lado, etc. Pero las carreras de resistencia (que es precisamente de lo que hablo en este libro) son esenciales en cualquier plan de entrenamiento, especialmente en el caso de deportistas aficionados o «de fin de semana», aunque sólo sea para contribuir a disfrutar de ese deporte durante más tiempo.

Así pues, éste es un mensaje para todos los deportistas aficionados: el mejor placer es correr.

TÓPICOS Y PREGUNTAS FRECUENTES SOBRE ESTE DEPORTE

PREGUNTA: Si correr es sano, ¿cómo puede explicarse lo que le pasó a Jim Fixx?

En 1984, cuando Jim Fixx, autor del libro *The Complete Book of Running*, murió de un ataque al corázón mientras corría en Vermont, los aficionados al sofá y la gente contraria al deporte hicieron su agosto. Y los corredores, muchos de los cuales se habían decidido a empezar motivados por el excepcional libro de Fixx, experimentaron un sentimiento de desconfianza, conmoción y hasta traición.

Aun así, a pesar de la pérdida humana, la muerte de Fixx no provocó la de un deporte que él había contribuido a popularizar; de hecho, su popularidad no ha dejado de crecer desde entonces. Fixx tenía un problema concreto, explicable e incluso evitable, si el autor del *best-seller* hubiese seguido sus propios consejos.

«Uno de los temas que toca en su libro es la importancia de escuchar el lenguaje del cuerpo», dice el doctor Peters. Correr reduce de forma considerable el riesgo de padecer ataques al corazón, pero no los evita. Y los antecedentes familiares son un factor de riesgo que ningún plan de entrenamiento puede ignorar. En el caso de Fixx, tanto su padre como su abuelo habían muerto relativamente jóvenes por causa de enfermedades del corazón. «Heredó esa propensión», afirma Peters, sugiriendo que se debe prestar especial atención al historial familiar, tanto en el caso de Fixx como en cualquier otro. «Tenía un historial familiar que exigía más atención y preocupación de la que aparentemente prestó».

TÓPICO: Correr es perjudicial para las rodillas

Puede ser, si se hace demasiado a menudo y durante demasiado tiempo y no se toman las precauciones de las que hablaremos más adelante. Pero para la mayoría de la gente, no debería representar un problema.

Un importante estudio, realizado entre corredores de campo a través y nadadores retirados, contribuyó a confirmarlo. Se estudió a más de 500 corredores y 200 nadadores, con una edad media de 57 años. Entre los corredores, sólo el 2% declaró padecer un dolor agudo en la cadera o la rodilla, mientras que el 15'5% sufría un dolor moderado. En el caso de los nadadores, la incidencia de dolor agudo era ligeramente superior, del 2'4%, mientras que el 19'5% tenían un dolor moderado. Hay que tener en cuenta que estos corredores, que cursaron estudios universitarios entre 1930 y 1960, entrenaban y competían en la era oscura del deporte: corrían un gran número de kilómetros con zapatillas poco adecuadas y probablemente no realizaban los ejercicios de fortalecimiento y estiramiento que ayudan en la actualidad a los corredores a seguir practicando este deporte.

Una prueba decisiva sobre este tema la aportó un artículo publicado recientemente en una revista, que citaba numerosos estudios y concluía que el ejercicio no contribuye a provocar artritis en las rodillas ni en ninguna otra parte del cuerpo. La autora no sólo recomendaba a los lectores que practicasen deporte, sino que también contaba lo mucho que le gustaba a ella. Una foto que acompañaba el artículo lo confirmaba: parecía esbelta, vigorosa y no aparentaba sus 57 años. La revista era *Arthritis Today* y la autora, Maxine Rock, padece artritis en la columna vertebral desde hace 20 años.

TÓPICO: Para sacar partido de este deporte, hay que correr a diario

Excepto los que compiten profesionalmente, la mayoría de los corredores normales y corrientes suelen entrenar cuatro o cinco veces a la semana. Ésta es la frecuencia recomendable y, además, ha demostrado ser óptima para mejorar el rendimiento y reducir el riesgo de lesiones.

TÓPICO: Para mejorar, hay que sufrir

De ningún modo. Una carrera de resistencia no es un esprint. No se hace a un ritmo desenfrenado, perdiendo el aliento. Cuando los entrenadores y los fisiólogos hablan de la «zona de confort» en los entrenamientos, saben lo que están diciendo. Cuando corra, la mayoría del tiempo debe hacerlo a un nivel de intensidad desahogado. Esto no será así cada minuto que pase corriendo, especialmente al principio, pero, una vez que haya establecido sus bases de resistencia, se sentirá bien. Algunos días, se sentirá de maravilla, que es por lo que muchos de nosotros seguimos corriendo.

Además, no es necesario que corra a un ritmo fuerte todos los días. Los corredores profesionales generalmente siguen un plan basado en la alternancia de intensidades: un día de mucho esfuerzo se alterna con uno de entrenamiento menos intenso. Esto evita que se queden estancados o que sufran un colapso, que es lo que les suele pasar a los deportistas que entrenan a toda marcha todos los días.

Por lo que respecta a este tópico, está pasado de moda prácticamente en todas las actividades físicas, especialmente en el atletismo. Lo hemos reemplazado por un nuevo lema: entrena, no te agotes.

PREGUNTA: Si es tan divertido, ¿cómo es que todos los corredores que veo tienen cara de disgusto?

Vuelva a mirar, especialmente cuando vea dos o más personas corriendo juntas. Probablemente lo harán charlando y riendo. Descubrirá que es divertido, a pesar del aspecto tristón de algunos corredores solitarios.

A propósito, yo tengo una teoría sobre esto. Creo que tiene algo que ver con el ego masculino (esa actitud machista y absurdamente entusiasta que los hombres suelen tener con respecto a cualquier actividad física). Si observa una competición femenina, verá un montón de caras sonrientes entre las participantes que están hacia el centro o el final del grupo. Estas mujeres tienen el espíritu y la actitud adecuados. ¡Diviértase cuando corra!

TÓPICO: Sólo la gente delgada puede correr bien

Aunque es cierto que los mejores corredores de fondo del mundo suelen ser delgados y de hueso fino, la gente más corpulenta puede tener un rendimiento muy bueno. «No toda la gente que quiere correr nace delgada», dijo Frank Shorter, medalla de oro en maratón en los Juegos Olímpicos de 1972, que, con unos 62 kilos, pesa menos que algunas corredoras que ahora compiten en sus propias categorías. Las divisiones Clydesdale (un nombre que los grandes corredores usan con orgullo) admiten mujeres de más de 65 kilos y hombres de más de 90. Muchos de ellos son muy rápidos y muy buenos en las carreras. Pero lo más importante es que todos ellos se benefician de este deporte. Usted también puede hacerlo, sea cual sea su constitución.

Por otra parte, hay que tener en cuenta que el peso no es tan importante como la composición del cuerpo, es decir, el porcentaje de grasa con respecto a la masa muscular del cuerpo. ¿Tiene un aspecto fofo? ¿La ropa le queda más ajustada que hace unos años? Si es así, hay muchas probabilidades de que necesite perder algo de grasa y correr puede ser la forma de conseguirlo.

Éstos son los tópicos, ahora vamos a hablar de hechos.

2

QUÉ NECESITA PARA CORRER

En una ocasión, un amigo mío estaba sentado junto a la ventana de su tienda de artículos deportivos, cuando vio pasar a un hombre de mediana edad haciendo *footing*. Vestía un chándal a la ultimísima moda y un par de zapatillas de deporte que parecían sacadas de un laboratorio de la NASA. En la cabeza llevaba un *walkman*; en la frente, una visera; en los ojos, unas gafas de sol deportivas. En su pecho se veía un pulsómetro y, en la muñeca, un reloj deportivo. En la cintura tenía una riñonera y una botella de agua, metida en una funda como si fuese una pistola.

Bob Cook, el dueño de la tienda, saludó con la mano al hombre y después suspiró: «Si hubiera otras cien personas como él, podría retirarme».

La verdad es que Bob probablemente tenga que seguir trabajando hasta que cumpla 65 años. ¿Por qué? Porque los corredores como ese figurín son muy pocos. A la mayoría les gusta la sencillez, que es precisamente una de las virtudes de este deporte. No hace falta una barca, una raqueta o un armario lleno de ropa especial para salir a correr. No es necesario tener aptitudes mecánicas ni habilidades técnicas. Y, por supuesto, no se necesita un ordenador de bolsillo o un *walkman* para ir a correr cinco kilómetros.

Creo que, para muchos corredores, eso es parte del atractivo de este deporte. En un mundo en el que la mayoría de la gente pasamos una gran parte de nuestro tiempo tratando con ordenadores, sistemas de mensajes de voz, *faxes*, y otras comodidades y molestias de la vida moderna, la posibilidad de ponerse un par de zapatillas de deporte y dejarlo todo atrás, aunque sólo sea por un rato, resulta refrescante.

Y, en realidad, eso es todo lo que necesita para salir a correr: unas zapatillas de deporte decentes y el deseo de darles buen uso.

CALZADO ESPECIAL

Por qué es necesario

El calzado deportivo es un gran negocio: en 1990, sólo en Estados Unidos se vendieron 15 millones de pares. Hay un motivo y no es sólo gracias a Bo Jackson, Dan y Dave y otras estrellas que han participado en las campañas multimillonarias de los grandes fabricantes de calzado. Hubo una época en la que la gente corría con zapatillas endebles o con botas. Corrían y corrían y, finalmente, siempre acababan encontrándose con problemas, cuando sus cuerpos se colapsaban a causa de los impactos y golpes acumulados.

Aunque correr es sencillo y beneficioso, no cabe duda de que causa tensiones en los pies y las piernas. Al correr, los pies golpean el suelo con una fuerza de tres a cinco veces mayor que el peso del cuerpo. Y, a lo largo de un kilómetro, los pies golpean el suelo más de 600 veces. Esto provoca un montón de tensión que es necesario absorber y, por este motivo, las zapatillas para correr son especiales.

Este tipo de calzado está diseñado para acolchar y estabilizar el pie durante el complejo proceso biomecánico al que llamamos «correr». En realidad, correr consiste en una serie de movimientos (o «articulaciones», como dicen los médicos) de las que no somos conscientes cuando lo hacemos. Para entender mejor por qué es necesario un calzado especial, quizá sería conveniente saber un poco más sobre el funcionamiento de este proceso.

«Correr es un movimiento controlado de caída», explica el doctor Edward Fryman, podólogo deportivo. «Es decir, es como caer, sólo que se pone el pie delante del cuerpo». Por eso, las zapatillas para correr tienen el tacón más alto que otro tipo de zapatilla deportiva, para ayudarnos a *frenar* cuando corremos, que es algo que hacemos con el talón.

El movimiento que va desde el talón hacia los dedos es lo que diferencia a los corredores de fondo de los de velocidad pura, que toman impulso durante 1.000, 2.000 ó 4.000 metros apoyándose en la punta del pie. Los corredores de fondo no pueden hacerlo. El cuerpo se colapsaría después de intentar correr 8 kilómetros sobre la punta de los pies. En vez de eso, se apoyan en el talón o en la parte central del pie. El arco del pie gira al tocar el suelo. Después, se empuja el primer metatarso para avanzar. Por este motivo, las zapatillas para correr son flexibles en la parte central y delantera. Están hechas para proporcionar al pie la flexibilidad que necesita para sus movimientos. Compruébelo usted mismo: puede coger una zapatilla de este tipo por la punta y doblarla hasta formar un ángulo de 90 grados. Unos zapatos de caballero nunca se doblarían de ese modo. Al contrario que otros tipos de calzado, las zapatillas para correr proporcionan un acolchamiento suplementario en esa parte del pie, porque, al ir del talón hacia la punta, tendemos a golpear el suelo.

Después del acolchamiento y de la flexibilidad, el tercer elemento clave del calzado para correr es la estabilidad. Aunque cuando corremos sólo nos movemos en una dirección, el pie tiende a girar hacia los lados. Este movimiento de torsión hacia adentro y hacia abajo (es decir, que tendemos a correr sobre el borde interior del pie) se llama «pronación». En contra de los que muchos corredores creen, todos lo hacemos, en mayor o menor medida. Una pronación excesiva puede causar problemas, porque, al correr, puede apartar a las rodillas de su alineación normal. Afortunadamente, hay calzado deportivo diseñado para ayudar a controlar este problema. Colocando refuerzos en los talones y estabilizadores en su parte trasera se puede contribuir a controlar un exceso de pronación, así como otros problemas frecuentes del pie, como la «supinación», que consiste en que el pie no se inclina lo suficiente hacia adentro, de modo que el corredor se apoya demasiado en la parte exterior del talón.

Para ayudarnos a correr de forma adecuada y adaptarnos a la biomecánica del movimiento, el calzado para correr se ha perfeccionado mucho. Si va a una tienda de calzado deportivo (que es lo que debería hacer), puede que se quede impresionado, no sólo por los precios (que son elevados), sino también por la variedad de modelos. Hay zapatillas de todos los colores y estilos. Hay zapatillas extremadamente ligeras para correr en pista, otras más resistentes para la carretera, calzado especial para quienes hacen campo a través y zapatillas de entrenamiento combinado para quienes quieren un solo calzado para distintos deportes. Hay zapatillas con barras de torsión en la suela para proporcionar una mayor estabilidad y otras con relieves, ondas y surcos de goma galvanizada para contribuir a que el pie se agarre al piso como un neumático radial. Los fabricantes de calzado utilizan geles, cámaras de aire y pilares plásticos para proporcionar un mayor acolchamiento y, la verdad sea dicha, para marcar la diferencia entre su calzado y el de la competencia.

Así pues, ¿por dónde empezar? ¿Cómo elegir entre las distintas marcas, características y tecnologías?

Cómo escogerlo

Para que se inicie en un deporte tan extraordinariamente fácil como éste, me gustaría darle un consejo muy sencillo sobre el calzado: de momento, no se preocupe por él. Y no use la falta de zapatillas adecuadas para correr como excusa para no salir y empezar.

El doctor Fryman, podólogo deportivo, opina que se puede seguir un plan de entrenamiento progresivo, empezar andando para luego pasar a correr, con unas zapatillas normales de deporte (aunque no ese par de viejas zapatillas que guarda en el garaje para trabajar en el jardín, sino unas mejores y más resistentes). Servirán para las dos primeras semanas, en las que andará más de lo que correrá.

Típico calzado para correr: Busque uno que tenga tacón, centro flexible, acolchamiento suplementario en la planta del pie, elementos reflectantes (para correr por la noche) y, lo más importante, que le resulte cómodo al correr. *Ilustración: Christine Erikson.*

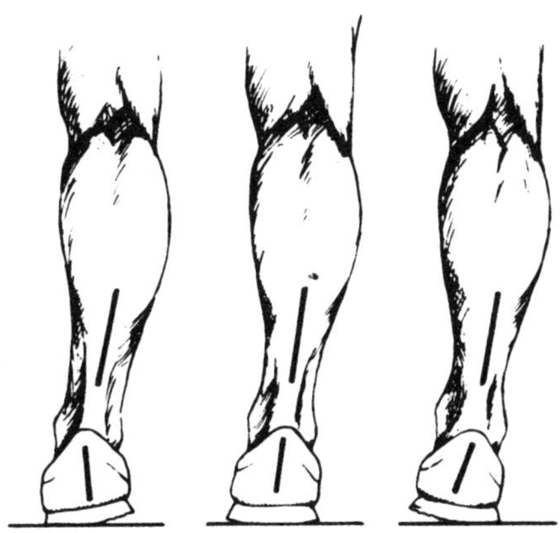

Elegir el calzado adecuado: Ponga sus zapatillas en una superficie plana y mírelas al nivel de los ojos. ¿Se tuercen? ¿Alguno de los lados se inclina hacia adentro o hacia afuera? Problemas menores relacionados con el control del movimiento pueden corregirse con un par de zapatillas adecuadas. *Ilustración: Christine Erikson.*

Cuando esté preparado para correr unos cinco kilómetros, será el momento de hacer una excursión a la tienda de calzado deportivo más cercana. Una vez más, le recomiendo que vaya a una tienda especializada, incluso a pesar de que probablemente podría encontrar unas buenas zapatillas para correr (a menudo más baratas) en las grandes superficies. Pero lo que no encontrará en el departamento de una de estas tiendas es lo que necesita un principiante: los consejos de un vendedor experto.

La experiencia me ha demostrado que la mayoría de estos vendedores sólo se encuentra en las tiendas especializadas. La experiencia también me ha demostrado que no hace falta desprenderse de un tesoro para obtener un buen par de zapatillas, si gasta mucho dinero, probablemente le estarán vendiendo unas zapatillas destinadas a alguien que corra mucho más que usted. Si las compra muy baratas, seguramente se arriesgará a sufrir lesiones cuando salga a correr.

A continuación, voy a darle algunos consejos para su excursión a la zapatería. Antes de ir, observe atentamente las zapatillas que ha usado para caminar. Póngalas en una superficie plana, como por ejemplo una mesa, agáchese y mírelas al nivel de los ojos. ¿Se tuercen? ¿Alguna de ellas (o las dos) se inclina hacia adentro o hacia afuera? Si la respuesta es afirmativa, puede que tenga algún problema de control del movimiento (y uso esta palabra con cierta cautela), que podría corregirse con el par de zapatillas adecuado. Después, compruebe el desgaste de las suelas. Si la parte interior de la suela parece más gastada que la exterior, puede que tenga un problema de exceso de pronación. Si la parte exterior está más desgastada, puede que se trate de supinación. En cualquiera de los casos, son datos que el vendedor debe conocer. Si tiene dudas, lleve las zapatillas a la tienda.

Los expertos recomiendan que se vaya a comprar el calzado por la tarde, cuando los pies están más hinchados. Además, debería llevar puestos unos calcetines similares a los que piensa usar cuando corra. (Un poco más adelante, daremos más datos sobre los calcetines.)

No voy a decirle lo que debe preguntarle al vendedor de la tienda de calzado deportivo. En vez de eso, aquí tiene cinco preguntas que el vendedor tendría que hacerle a usted. Si no le pregunta esto, no debería comprar nada (o al menos, no en esa tienda):

1. ¿Cuánto tiempo hace que ha empezado a correr?
2. ¿Cuántos kilómetros suele correr?
3. ¿Dónde suele correr la mayoría de las veces?

4. ¿Cuánto pesa?
5. ¿Sabe si tiene algún problema de exceso de pronación o supinación?

Asegúrese de que el vendedor le mide los dos pies. La mayoría de la gente es asimétrica, es decir, que tiene un pie ligeramente mayor que el otro. En ese caso, debería escoger el calzado en relación al pie más grande. Un buen vendedor debería poder decirle (aunque usted mismo no sea capaz de hacerlo) si tiene los pies más estrechos o más anchos que la mayoría de la gente.

Entonces, el vendedor le enseñará los distintos modelos que tiene en exposición. No se sienta intimidado o sobrecogido por toda la parafernalia. «No hay que preocuparse por la tecnología», dice Bob Cook, dueño de una tienda de artículos deportivos y también un consumado corredor. «Debe preocuparse de que le queden bien y de que sean cómodos».

Una zapatilla le queda bien si está ajustada, pero no aprieta. Debería haber un pequeño espacio libre (un poco más de un centímetro) en la zona del dedo gordo. Si piensa correr de noche, puede que quiera comprar unas zapatillas con elementos reflectantes en el talón o a los lados, para que puedan verlo (o al menos a su calzado) en la oscuridad. Si es una persona corpulenta, quizá le convenga buscar zapatillas con forro o con un acolchamiento suplementario, que normalmente está hecho de espuma de EVA, el material sintético que se suele utilizar en la mayoría de las plantillas.

Cuando corra, debe sentirse cómodo con sus zapatillas. La mayoría de los vendedores le permitirá dar un par de vueltas a la manzana o, por lo menos, correr por la tienda, para que pruebe los distintos modelos. Además, las zapatillas deben dar la impresión de sujetar el pie y absorber las vibraciones. El hecho de que esa sujeción se produzca gracias a un sistema de aire comprimido o de gel no tiene la menor importancia. Lo que cuenta es cómo se siente al ponérselas.

Aunque mucha gente se queja del precio de las zapatillas de deporte, resultan extremadamente rentables, si se tiene en cuenta que un buen par puede durar por lo menos un año. De todas formas, debería conocer los indicios de desgaste. La clave está en el material cubierto de caucho de color negro de la suela exterior de la zapatilla. Si se está deshaciendo o se ve desgastada, la zapatilla ya no absorbe las vibraciones tan bien como debería. Después de unos meses, podría volver a colocar las zapatillas en una superficie plana para realizar otra «prueba de inclinación».

ROPA ADECUADA PARA CORRER EN INVIERNO O EN VERANO

Un corredor lleva la ropa adecuada cuando se siente cómodo y seco. Ir a la moda es otro cantar. De todas formas, la mayoría de la gente no tiene un aspecto especialmente atractivo cuando corre, así que, ¿por qué preocuparse?

Permanecer seco es otra cuestión. Si la ropa no absorbe de forma adecuada la humedad y el sudor se queda en su piel, podría enfriarse, lo que podría provocarle un catarro o, lo que es peor, en invierno, una hipotermia. Unos pantalones cortos sudados pueden rozar la pierna o la entrepierna, causando una irritación dolorosa. Después de haber sobrevivido a un par de carreras en esa situación, déjeme decirle que no es nada agradable.

Los problemas de este tipo pueden evitarse escogiendo la ropa adecuada para correr. Empecemos por los pies. Los calcetines deberían ser delgados y suaves. Hay varios tipos de calcetines con un relleno suplementario en la zona de los dedos. Pero puede correr con cualquier tipo de calcetines, siempre que sean de algodón. Todos los calcetines de algodón suelen retener la humedad. La prueba del calcetín: ¿Son tan cómodos que le hacen exclamar un «oh» de placer cuando se los pone? ¿Se olvida de que los lleva puestos cuando está corriendo? Si la respuesta a las dos preguntas es afirmativa, es un buen par de calcetines para correr.

Los pantalones ciclistas de nylon son ideales. Son suaves, ligeros y expulsan la humedad, no como aquellos horribles pantalones que nos hacían llevar en clase de gimnasia, que absorbían el agua como esponjas.

Para la parte de arriba, servirá una camiseta suave y cómoda. Tenga cuidado con las camisetas nuevas, demasiado rígidas, que podrían rozarle los pezones. Cuando haga calor, podría pensar en utilizar una camiseta sin mangas o, mejor aún, una de nylon. Recuerde que cuando haga calor, debería llevar al descubierto la mayor parte posible de su piel, para que el sudor se evapore. Todos los veranos, me da grima ver a alguna gente que corre con sudaderas hasta en los días más calurosos. Se creen que están quemando más grasa, cuando en realidad lo que están haciendo es perder agua, que recuperan en cuanto hacen una parada en la fuente. Además, puede ser peligroso. En caso de duda, más vale quedarse corto con la ropa.

¿Y qué pasa en invierno? Bueno, el vendedor de su tienda de artículos deportivos estará encantado de enseñarle chándales adecuados para correr en invierno. Y se quedará aún más encantado si decide comprar alguno, porque son bastante caros. No hay duda: los tejidos sintéticos, como Lycra, Thermax o Gore-Tex han revolucionado la ropa deportiva para exteriores. Harán que se mantenga seco y calentito incluso con las peores inclemencias del tiempo. Pero esto no quiere decir que sean imprescindibles. «No hace falta invertir un montón de dinero para mantenerse caliente y seco en invierno», afirma Cook, dueño de una tienda de artículos deportivos.

Básicamente, lo único que necesita es ropa que transpire y que expulse de su cuerpo la humedad. Y tampoco debe olvidar lo que las madres suelen decir sobre vestirse por capas: una camiseta, un suéter de cuello alto y una cazadora harán que supere sin problemas los días más húmedos, fríos y ventosos. Si quiere estar caliente, seco y, además, elegante, puede comprar una camiseta de polipropileno, una sudadera de nylon para llevar sobre ella y unos pantalones de polipropileno a juego. (Pero recuerde que sólo necesitará pantalones largos cuando haga un tiempo realmente frío. Normalmente, las piernas se mantienen calientes por el simple hecho de estar moviéndose.)

Los artículos de ropa para correr en invierno más importante son probablemente los más pequeños: un gorro y unos guantes, que son la verdadera arma para combatir el frío. «Un gorro y unos guantes le permitirán estar en la calle más tiempo que una persona que lleve un suéter de Gore-Tex pero que vaya con la cabeza descubierta», afirma Cook. Lo más adecuado es probablemente un gorro de lana o de esquí. Y, a no ser que esté pensando en correr por el estrecho de Bering en invierno, probablemente no necesite nada más. De todas formas, si vive en una zona especialmente fría, podría considerar la posibilidad de hacerse con un pasamontañas (que envuelve la cabeza y las mejillas al más puro estilo de un terrorista) o incluso una de las variadas máscaras de punto que permiten respirar a la vez que cubren la mayor parte de la cara. En cuanto a los guantes, deberían ser suaves y también cómodos. En realidad, la mayoría de los corredores prefieren las manoplas porque en su interior se pueden doblar los dedos.

El único tema que aún no hemos tratado es la ropa interior. Es una cuestión un poco delicada, y quizá sea precisamente por eso por lo que apenas se habla de ello. Sin embargo, no se puede discutir su importancia respecto a la comodidad a la hora de correr. La mayoría de los pantalones ciclistas anteriormente mencionados incluyen cinturillas elásticas, calzonzillos incorporados o los llamados «paneles de confort» para hacer que corra cómodamente. Pero, en invierno, puede que no quiera ponerse unos pantalones cortos por debajo de los otros. Los suspensorios son extremadamente incómodos para correr. Mi consejo es que emplee unos calzoncillos ajustados.

Las mujeres pueden tener en cuenta los sujetadores especialmente diseñados para hacer deporte o para correr, que suelen encontrarse en la mayoría de las tiendas de lencería o en establecimientos especializados. En este punto, me remito a Henley Gibble y Ellen Wessel, del *Road Runner's Club of America* (club de corredores de América), que dan este consejo en un folleto sobre corredoras: «Llevar un sujetador cómodo puede prevenir la irritación de los pezones sensibles por causa del tejido de las camisetas. Un sujetador adecuado para correr debería tener costuras suaves y eliminar o cubrir los ganchos y corchetes... Puede que las mujeres con más pecho estén más cómodas con un modelo más sólido y grande. Los nuevos tejidos que se utilizan para los sujetadores son cómodos cuando se está en movimiento, a la vez que eliminan el desplazamiento de las mamas. Lo ideal sería que los tirantes se juntasen en la espalda para evitar que se deslicen por los hombros».

ACCESORIOS

Ropa reflectante

Los chalecos reflectantes pueden llegar a salvarle la vida. Estos chalecos, muy ligeros y hechos de nylon, tienen cosidas bandas reflectantes que hacen que, a los ojos de un motorista, parezca un montón de palotes dando tumbos en la oscuridad. También puede adquirir muñequeras reflectantes, cordones de zapatos de neón e incluso bandas de material reflectante de unos 2,5 centímetros para pegarlas a la ropa. Las camisetas reflectantes de color blanco son una nueva adquisición y, como se ha mencionado anteriormente, muchas zapatillas incluyen elementos reflectantes. Cualquiera de estos accesorios (o todos) es una buena inversión si piensa correr al anochecer o por la noche.

Gorras y cremas solares

Debido a una mayor concienciación sobre el cáncer de piel, parece lógico echarse crema antes de salir a correr y ponerse una gorra. No obstante, en días muy calurosos y soleados, en los que una gorra acumularía todo el calor que expulsa la cabeza, puede que prefiera probar una de esas viseras que le dan sombra a los ojos y la cabeza.

Vaselina

Uno de los productos que resulta más útil para la gente que corre a diario es un botecito de vaselina. En las maratones la tienen en grandes cantidades para usarla cuando se paran a beber. ¿Por qué? Porque correr provoca rozamientos, especialmente cuando se recorren distancias muy largas. Para reducir al máximo el riesgo de que se produzca ese doloroso rozamiento de la piel con la piel o con el tejido, muchos corredores se aplican vaselina en los pezones, la entrepierna y los dedos del pie antes de una carrera.

Walkman

Resulta agradable correr con el sonido de la música, pero los corredores que están absortos escuchando una canción pop o una sinfonía no pueden oír a los coches, perros o personas que se crucen con ellos. Cuando corra en pista o en un tapiz rodante, puede hacerlo de vez en cuando, pero mi consejo es que no empiece. Si quiere correr con música, escuche las melodías que lo ayudan a motivarse mientras hace estiramientos en casa, grábelas en su tocadiscos mental y escúchelas mentalmente mientras corre.

Llaveros

Puede que ésta sea la pregunta tonta que los principiantes hacen más a menudo: «Sé que es una pregunta tonta, pero, ¿que se hace con las llaves cuando se está corriendo?». No es tonta en absoluto. Cuando empecé a correr, solía volverme loco intentando resolver el problema de las llaves. Así pues, ¿qué se puede hacer? Bueno, la mayoría de los pantalones cortos llevan un pequeño bolsillo en el que se puede guardar la llave de casa o del coche e incluso algo de dinero, por si acaso. También puede comprar una muñequera de velcro para llevar las llaves, dinero o un documento de identidad (algo que siempre debería tener con usted, especialmente si va a correr por la carretera). O si no, puede hacer lo que hago yo: sujetar la llave en el interior de los pantalones con un imperdible.

Riñoneras

Si quiere llevar muchas cosas, como por ejemplo una botella de agua, puede que deba pensar en hacerse con una de esas bolsas con cremallera unidas a un cinturón que se ata alrededor de la cintura. Lo importante es que encuentre una que se pueda ajustar lo suficiente, para que no resbale mientras corre. Las hay de diferentes tamaños y niveles de aislamiento; hay algunas en las que, incluso, se pueden llevar líquidos calientes.

Relojes deportivos

Si hay algo que el corredor necesita, además de las zapatillas, los calcetines, los pantalones cortos y la camiseta, es una forma de medir la duración y la velocidad. Los relojes de pulsera analógicos no son una buena opción. Necesita un reloj digital, preferentemente con función de cronómetro, que le permita medir exactamente el tiempo que ha tardado en recorrer uno, dos o tres kilómetros.

Los mejores relojes deportivos incluyen muchas otras funciones que la mayoría de los corredores ni siquiera usa ni entiende del todo. Puede gastar un montón de dinero en un reloj que le diga absolutamente todo, desde la hora militar hasta la temperatura. O puede adquirir, simplemente, uno que tenga cronómetro y correa ajustable y que sea resistente al agua. Aparte de eso, le dirá la hora, por lo que podrá llevarlo incluso cuando no esté corriendo.

Pulsómetros

Los pulsómetros controlan su ritmo cardiaco mientras entrena. La actividad eléctrica del corazón es registrada por electrodos insertados en una banda elástica que se lleva alrededor del pecho. Cuando el corazón se contrae, los electrodos envían una señal a un transmisor que hay en la banda, que pasa la correspondiente señal de radio al receptor, situado en un reloj de pulsera especial. Si el ritmo cardiaco sobrepasa el límite programado (el llamado ritmo cardiaco límite), el reloj emite un sonido.

Como me explicó el presidente de uno de los mayores fabricantes de pulsómetros, el objetivo es similar al velocímetro del coche que nos ayuda a ir desde el punto A al punto B sin que nos pongan una multa. El pulsómetro nos dice cuándo hemos excedido nuestro límite de velocidad cardiovascular.

Sin embargo, este razonamiento tiene una pega. En la carretera, hay señales que nos dicen que no debemos sobrepasar los 50 o los 90 km/h, pero nuestro límite de velocidad cardiovascular personal no es tan fácil de determinar. Esto no debería interpretarse como una crítica a los monitores de corazón. Algunos de los mejores corredores de resistencia del mundo los usan y pueden resultar muy útiles para cualquier corredor o ciclista normal y corriente. Si tiene antecedentes de problemas cardiacos, probablemente su cardiólogo le recomiende llevar uno. Pero si está empezando y disfruta de buena salud, un pulsómetro no será imprescindible.

«Tomarse el pulso constantemente puede hacernos polvo», afirma el cardiólogo Peters. «Le quita toda la gracia al deporte. Y, además, un pulsómetro puede resultar intimidante, especialmente si se decide instalarlo uno mismo». Su consejo es que, si decide comprarse un pulsómetro, consulte antes a su médico. Podrá ayudarle a marcar sus propios límites cardiovasculares. Peters opina, y yo estoy de acuerdo, que la tecnología y el dinero (o la falta de este último) no deberían ser una barrera para empezar a correr o a hacer deporte.

3

PONERSE EN MARCHA

Siempre que alguien me pide consejo para empezar a correr, le contesto: «Haga una excursión». Puede parecer una respuesta fácil, pero es la verdad. Se debe empezar a correr simplemente poniendo un pie delante del otro, despacio. No es un deporte en el que haya que apresurarse. «La gente suele pensar que correr es mucho más fácil de lo que realmente es», dice el cardiólogo Peters. «Por eso les digo que es más difícil de lo que ellos creen y que llevará más tiempo de lo que les gustaría».

Esto no se propone ser descorazonador. Es sólo una advertencia contra intentar ir demasiado lejos y demasiado rápido. «Si está en buena forma, probablemente pueda salir hoy mismo a correr durante 45 minutos», afirma el doctor Fryman, podólogo deportivo. «Pero se levantaría al día siguiente tan dolorido que no querría volver a hacerlo nunca.»

En vez de eso, debería empezar por salir a dar un paseo corto. No se preocupe por la velocidad o la distancia, ni por cuánto corre su vecino o su yerno. Simplemente, camine hasta donde pueda (desahogadamente) durante 20 ó 30 minutos, cuatro veces por semana, por un periodo de unos 15 días. Durante ese tiempo, termine de leer este libro y aprenda más cosas sobre el deporte en el que va a iniciarse.

Recuerde que caminar también es un excelente ejercicio. Sus defensores han armado mucho ruido (perdón por la expresión); algunos afirman que es incluso mejor que correr. Eso es discutible, pero no merece la pena hacerlo. Puede disfrutar de los dos (como hago yo), aunque creo que se dará cuenta de que correr tiene más de desafío y de entrenamiento. La cuestión es que no debe pensar que pierde el tiempo caminando antes de comenzar a correr. No es así: está quemando calorías y mejorando su forma física, aunque no tan rápido como cuando empiece a correr.

Esto no debería llegar antes de un par de semanas, cuando sea capaz de caminar rápido y sin pararse durante 45 minutos. Pero no espere (ni intente) correr un kilómetro la primera vez. La transición de caminante a corredor se produce paso a paso, tanto en sentido figurado como real. Cuando empiece a correr, no debería hacerlo ni demasiado deprisa ni durante demasiado tiempo. El motivo de este aumento gradual es dejar que su cuerpo (los músculos, los pulmones, el sistema cardiovascular) se adapte a los nuevos, pero en último término beneficiosos, esfuerzos a los que va a someterlo.

Por ejemplo, como mencioné en el primer capítulo, mientras lee esto, está usando únicamente el 40% de su capacidad pulmonar. No va a conseguir emplear el 60% restante sólo con respirar hondo. «Hay que tener paciencia, constancia y trabajar poco a poco», afirma Fryman. Sabio consejo. Los principiantes excesivamente entusiastas, que hacen demasiado y demasiado pronto, suelen acabar lesionados y, como consecuencia, disgustados. Enseguida recorren el camino de regreso al sofá, para no volver a levantarse nunca más.

Debe seguir caminando y al mismo tiempo empezar a correr de forma gradual. Si corre en pistas descubiertas (que es donde debería empezar), recorra caminando una sección y después corra otra. Pero, la primera vez, no intente hacerlo durante media hora. Lo que puede hacer es caminar 8 secciones y correr 2, y luego repetir. O, si lo prefiere, caminar 20 minutos y correr durante 10. Deje que su cuerpo le sirva de guía y, en caso de duda, disminuya el ritmo y camine, no como si estuviese dando un paseo, sino marchando a paso rápido.

Muchos de los mejores entrenadores y corredores ahora hablan en términos de minutos y no de kilómetros. Antes, solía ocurrir que los corredores contaban cada kilómetro y se obsesionaban tanto que sentían que recorrer menos de ocho kilómetros en una sesión u 80 en una semana no era suficiente. Para evitar caer en esta trampa, debería empezar pensando en términos de minutos. No se obsesione con la distancia. Fíjese en la calidad además de en la cantidad.

Sé que este plan parece excesivamente prudente; también puede parecer que correr es un régimen de dolor sin fin. Pero nada más lejos de la realidad. La parte más dura es ponerse en marcha. A no ser que llegue al punto de competir profesionalmente, la parte más dolorosa e incómoda es el primer mes, durante el proceso de adaptación. Por eso, aproximadamente el 90% de la gente que deja de correr lo hace en las primeras cuatro semanas.

No quiero que usted entre a formar parte de estas estadísticas, así que, por favor, tenga paciencia. Cuanto más prudente sea, menos incomodidades padecerá mientras realiza la transición de caminante a corredor.

DÓNDE CORRER

Hay que afrontarlo: muchas de las personas que empiezan a correr, especialmente las que tienen un ligero exceso de peso, están acomplejadas. No quieren que los vecinos las vean en pantalones cortos y camiseta. No quieren que nadie las vea cuando vuelven a casa después de empezar a correr, como si hubiesen fracasado en su intento de mejorar su forma física. Es absurdo, pero es la naturaleza humana.

En la pista, nadie tiene humos. Incluso los corredores profesionales caminan o corren más despacio durante intervalos que alternan con los más rápidos. Es seguro (no hay coches), preciso (equivale a 400 metros) y es un entorno propicio para ponerse en forma. Encontrará gente que piensa como usted; nadie va a quedarse mirándolo ni a hacer comentarios sobre Jim Fixx o sobre la cantidad de años que vivió el abuelo de Fulanito a pesar de fumar un paquete diario de cigarrillos.

Por supuesto, si lo prefiere o si no tiene acceso a ninguna pista, puede correr en su calle (que es otra de las razones que hacen de este deporte algo tan extraordinariamente sencillo). Si quiere empezar a correr por la calle, escoja un recorrido por zonas de su barrio que no tengan mucho tráfico ni muchas curvas. Puede medirlo utilizando el cuentakilómetros del coche (que es lo suficientemente preciso para nuestros propósitos). Después, en vez de añadir una sección o medida de una pista, puede intentar aumentar la distancia en un poste del teléfono, una manzana o medio minuto, mientras sigue la transición de caminar a correr.

Muchas ciudades tienen un gran número de caminos y senderos por los que se puede correr muy bien, en parques o cotos, muchos de los cuales están medidos y marcados. Le sugiero que descubra los que existen en su zona. Pero no escoja ninguno que le exija desplazarse con el coche más de 5 ó 10 minutos desde su casa o su lugar de trabajo. El sitio que elija para correr puede determinar si seguirá haciéndolo o no. La idea es hacer que forme parte de su rutina diaria. Los 20 minutos que puede llevarle desplazarse hasta un sendero apartado podrían convertirse en una excusa para no salir a correr. ¡Y lo último que necesitamos es otra excusa para no hacer ejercicio!

Una tercera opción es utilizar un tapiz rodante. Si puede acceder a uno, estupendo. Actualmente, la mayoría de los gimnasios tienen un gran número de ellos y son una magnífica alternativa cuando hace mal tiempo. Otra ventaja es que le darán una idea precisa sobre cuánto corre y a qué velocidad. Puede ajustar la velocidad para caminar o correr hasta ponerse en forma. Y, cuando haya mejorado mucho, hasta puede inclinarlo para simular que está entrenando por un terreno accidentado.

Pero los tapices también tienen sus inconvenientes. En primer lugar, correr en ellos puede ser extremadamente monótono. Mucha gente intenta solventar este problema poniendo una televisión enfrente, de modo que puedan verla mientras corren. El otro gran inconveniente es que usar un tapiz le resultará caro: como mínimo, tendrá que pagar para ir a un gimnasio. Y, si quiere tener uno en casa, le costará caro para que sea medianamente bueno. Le recomiendo que aplace la decisión de comprar uno hasta que se haya comprometido a terminar su plan de entrenamiento. De otro modo, puede acabar acumulando polvo en el sótano de su casa.

Una última cuestión sobre el lugar escogido para correr: hay gente que hace una distinción entre terrenos blandos y duros. Es un factor que se debe tener en cuenta. Por ejemplo, si corre por la calle, es preferible hacerlo sobre asfalto, que es un poco más blando que el cemento de las aceras. De todos modos, Frymann afirma que la mayoría de las lesiones se deben a problemas biomecánicos y no a la superficie por la que se corre. Si encontrar una superficie adecuada se convierte en un obstáculo para empezar a correr, no merece la pena. Hay muchos sitios adecuados, algunos de ellos muy cerca de casa. ¿Por qué no empezar en ellos?

CUÁNDO Y CON QUIÉN CORRER

Pregunta: ¿Cuál es la mejor hora del día para correr?

Respuesta: Cuando le venga mejor.

Aunque a todos se nos puede clasificar según nuestro «cronotipo», hay estudios que han demostrado que no existen diferencias significativas en cuanto al rendimiento entre los entrenamientos de la mañana, la tarde o la noche. No obstante, psicológicamente sí que hay ventajas e inconvenientes. Es muy agradable empezar la mañana corriendo, pero levantarse de la cama es muy duro. Correr al mediodía corta la jornada en dos y le da una reserva de energía para la tarde, pero si tiene una hora o menos para comer, puede que no le dé tiempo a cambiarse, calentar, caminar o correr, enfriar y ducharse. Aunque correr a última hora de la tarde es una buena forma de eliminar las tensiones y frustraciones del día de trabajo, puede que la tentación del sofá y la nevera sea demasiado para usted. Es posible que pase por su casa con la intención de cambiarse y que se quede allí.

Así pues, la cuestión es sacar tiempo para correr. Algunas personas dicen que simplemente no son capaces de correr por la mañana. Pero, ¿qué pasa si es la única hora a la que pueden hacerlo? Le recomiendo encarecidamente que no se obceque y que esté dispuesto a levantarse un poco más temprano o a cenar un poco más tarde, si es necesario. Lo importante es encontrar un momento del día o de la noche que le convenga, por lo menos cuatro veces a la semana. Debería tratar de sacar un rato el sábado o el domingo, de modo que, durante la semana, sólo tenga que encontrar tiempo libre dos días. Sin duda, su salud y el éxito de su plan de entrenamiento merecen ese esfuerzo.

Por otra parte, también es importante que encuentre a alguien con quien correr. La mayoría de los corredores, yo incluido, creíamos todo ese rollo de «la soledad del corredor» cuando empezamos. La verdad es que correr distancias largas es una actividad muy social y tener a alguien con quien empezar puede ser una buena motivación. Si se compromete con un amigo a hacer algo, es mucho más probable que lo haga. «Así es como yo empecé a correr», cuenta Gordon Bakoulis, escritora y maratoniana de la selección nacional. «Quedaba con una amiga para salir a correr a las seis y media de la mañana. Muchos días, si no hubiera sabido que ella estaba afuera esperándome y congelándose, habría seguido durmiendo».

CORRER DE FORMA ADECUADA

Para algunos, llevar a cabo la transición de caminar a correr les recuerda a un experimento locomotor de la infancia. «Es como aprender a montar en bicicleta», afirma Larry Davidson, entrenador de atletismo y asesor de la *American Heart Association* (asociación americana del corazón). «El padre monta al niño en la bici y le dice: "¡Pedalea!"». Afortunadamente, no hay tantas probabilidades de que usted se dé de bruces cuando empiece a correr. Pero sí es posible que se sienta igual de raro, como si estuviera peleando contra su cuerpo. El consejo de Davidson es éste: «Intente no acomplejarse por ello. Lo único que tiene que hacer es dejar que su cuerpo se adapte».

Sabio consejo, pero puede que quiera recordarle a su cuerpo algunas cosas antes de empezar. En primer lugar, correr no es ir a toda velocidad. La carrera de fondo es un movimiento del talón a la punta. Debería apoyarse en el centro del pie cuando éste tome contacto con el suelo y darse impulso con la parte frontal. Esto reduce al máximo la tensión sobre las pantorrillas y produce un efecto amortiguador que contribuye a reducir el riesgo de lesiones. Además, también es la pisada más eficaz para los corredores de distancia. Y cuando se le pide al pie que pise el suelo miles de veces en cada kilómetro, cuanto más eficazmente lo haga, mejor.

En segundo lugar, correr no es saltar. A menudo me sorprende ver corredores que botan en el aire con cada zancada. Eso puede ser bueno para un saltador, pero no para un corredor de distancia. Los pies no deberían estar demasiado tiempo en el aire. Lo único que se consigue saltando es agotarse.

Por último, la parte superior del cuerpo es casi tan importante como la forma de pisar y tomar contacto con el suelo. Cuando se observa a corredores de élite, resulta impresionante lo cómodos y relajados que parecen mientras corren. No están tensos ni mueven demasiado los brazos. Corren suave y eficazmente.

Correr de ese modo requiere práctica, incluso para atletas mejor dotados. En un instituto de Massachusetts (EE.UU.), el entrenador obliga a sus alumnos a sujetar patatas fritas mientras corren. El objetivo es evitar que los corredores se tensen de cintura para arriba.

No hace falta que vaya corriendo por ahí con aperitivos en las manos, pero sí debería tener en cuenta estos consejos:

- No tense los hombros.
- No apriete los puños.
- Mantenga los brazos ligeramente doblados, pero no exagere el movimiento como si fuese un corredor de marcha.

El consejo de relajar el cuerpo al correr se aplica de la cabeza a los pies. A una serie de carreras por Nueva York realizadas por discípulos del gurú indio Sri Chinmoy se le llamó «Los corredores sonríen». Muy apropiado. Y, a pesar de ello, ¿cuántas veces vemos por la calle corredores con la cara contraída en una mueca de dolor, determinación o esfuerzo? No estoy diciendo que tenga que correr sonriendo como un idiota, pero tampoco tense la boca como si fuese un soldado en pleno combate.

Un modo de recordar estos puntos esenciales sobre la forma adecuada de correr es memorizar una pequeña rima que muchos corredores principiantes, yo incluido, recitan como en una salmodia mientras corren: «Las manos hacia abajo / los hombros hacia atrás / caderas adelante / relajado estarás». Es decir, las manos deberían estar cerca de la parte de abajo de los pantalones cortos, lo que significa que debería mantener los brazos sueltos y ligeramente doblados. «Los hombros hacia atrás» en realidad quiere decir hacia abajo, relajados. Debe llevar las caderas hacia delante porque ésa es la dirección en la que se está moviendo. En un estudio se demostró que los corredores profesionales con tendencia a inclinarse hacia delante son más eficaces y, por lo tanto, corren más rápido. En mi opinión, esto también le quita un poco de tensión a la parte inferior de la espalda. Por encima de todo, manténgase relajado mientras corre. Si lo hace, se dará cuenta de que correr de forma adecuada funciona.

CORRER EN CUESTA

Antes o después, acabará corriendo en cuesta.

Eamonn Coghlan echaba pestes de ellas cuando estaba entrenándose para las Olimpiadas. Ahora tiene entera confianza en ellas. «¡Es una forma estupenda de obtener fuerza!», afirma Coghlan, portador del récord de la milla en pista cubierta (3:49.78). «Correr en cuesta altera el ritmo del corredor y hace que los músculos tengan que adaptarse a las nuevas tensiones. ¿Cuál es el resultado? El corredor se hace más fuerte».

Otro campeón olímpico, Jeff Galloway, está de acuerdo. «Entrenar en cuesta es la mejor forma para desarrollar la fuerza de las piernas», dice Galloway. «Y, una vez que se ha aprendido la forma correcta de hacerlo, no tiene por qué resultar agotador».

Según él, el secreto es mover el pie con rapidez y dar zancadas más cortas. En otras palabras, en vez de subir la cuesta a grandes pasos, súbala con zancadas más rápidas y cortas. Ponga el pie directamente debajo del cuerpo, saque el pecho y balancee las manos rítmicamente.

Cuesta abajo, Galloway recomienda inclinarsc ligeramente hacia delante y dejar que la gravedad haga el trabajo. De todas formas, contrólese y no deje que su zancada se haga demasiado grande. Eso podría resultar fatal para sus rodillas.

RESPIRACIÓN

Gente que, durante años, nunca ha tenido problemas de respiración comienza a preocuparse mucho por ella cuando empieza a correr. Algunos creen que deben mantener la boca cerrada con el fin de filtrar el aire por la nariz. Otros intentan mantener un cierto ritmo. Y muchos otros, sobre todo los principiantes, suelen respirar de forma rápida y entrecortada.

Normalmente, respiramos por la acción del pecho contrayendo los músculos de la caja torácica, la región de los hombros y el diafragma (los músculos que separan el pecho de la cavidad abdominal). Pero la respiración pectoral no es necesariamente la mejor forma de respirar al correr. En realidad, como afirma Bryant A. Stamford, director del *Health Promotion Wells Center*, de la University of Louisville, la respiración pectoral puede causar incomodidad entre los principiantes. «Éste es uno de los motivos por los que los corredores novatos la odian», declara en una información de *Associated Press*. «La respiración es tan poco natural que envía señales a la persona, diciéndole: "Esto no me gusta"».

Forma correcta de correr: Tome impulso con la punta del pie y caiga sobre el talón. Los pies no deberían pasar demasiado tiempo en el aire; más bien, deberían moverse como arrastrándose. Relájese, no tense los hombros ni apriete los puños. Doble ligeramente los brazos, pero no exagere el movimiento.

La respiración pectoral no elimina tanto dióxido de carbono, lo que hace que el cuerpo reaccione respirando más rápido, según Stamford. La respiración abdominal, que utiliza tanto los músculos abdominales como el diafragma, expulsa una mayor cantidad de dióxido de carbono. Así pues, en teoría, es más eficaz y debería contribuir a que se sienta más cómodo mientras corre.

¿Esto quiere decir que debería practicar la respiración abdominal antes de correr? No, aunque sería conveniente que se fijase en ella cuando empiece. Como Stamford señala, el cuerpo siempre encontrará la forma más eficaz de hacer las cosas. Y, para la mayoría de la gente, la respiración abdominal es la mejor forma de obtener la mayor cantidad posible de oxígeno y expulsar la mayor cantidad posible de dióxido de carbono mientras corre.

Lo bueno de esto es que su cuerpo se adaptará a la respiración abdominal de forma natural, según sienta la necesidad de hacerlo. Así pues, no hará falta que pase noches en vela buscando una solución a este problema. Finalmente, su respiración evolucionará hasta hacerse eficaz para usted. En realidad, ni siquiera se dará cuenta de que lo está haciendo.

EMPEZAR Y TERMINAR DE FORMA ADECUADA

Mucha gente cree que un calentamiento adecuado consiste en hacer flexiones o tocarse los dedos de los pies con las manos unas cuantas veces. No es así. El objetivo del calentamiento es elevar el ritmo cardiaco de forma gradual. Así pues, cualquier ejercicio que haga debería ser fácil y sostenido. Si está en un punto de su plan de entrenamiento en el que su principal actividad es caminar deprisa, empiece andando a paso moderado durante cinco o diez minutos (de nuevo dejando que su cuerpo le sirva de guía). Si ya ha empezado a correr, comience caminando deprisa o corriendo a un ritmo lento. Los estiramientos son importantes, pero no necesariamente constituyen la mejor forma de calentar, como se comenta en el próximo capítulo.

También existen errores de concepto sobre lo que es un enfriamiento o cuándo debería empezar. Muchos corredores aumentan la velocidad al final de su carrera para hacer que la última sección o el último kilómetro sean los más rápidos. Se trata de una equivocación. «El heroico esprint del final es uno de los peores errores de concepto», afirma Jeff Galloway, el célebre entrenador, escritor y antiguo campeón olímpico.

«Más que otra cosa, es probable que provoque una lesión. El momento de acelerar es hacia la mitad del entrenamiento». Según mantiene Galloway, los últimos cinco o diez minutos deben hacerse a un ritmo más lento, dedicando después diez minutos a caminar.

El peor error que puede cometer después de correr de forma intensa es tirarse al suelo para descansar, o meterse enseguida en el coche para volver a casa. Cuando se para de pronto después de realizar un gran esfuerzo, el corazón sigue latiendo muy rápido, pero la sangre se ha acumulado en las piernas, dejando menos cantidad disponible para el corazón y los pulmones. Éste es el motivo por el que mucha gente se siente mareada después de un entrenamiento duro o, al día siguiente, dolorida. «Queremos que la sangre vuelva a fluir hacia las zonas que la necesitan», dice el doctor Bob Otto, director del *Human Performance Lab* (laboratorio de rendimiento humano), de Adelphi University (Nueva York), «para expulsar el ácido láctico y los otros desechos metabólicos que se producen en las fibras musculares durante el entrenamiento».

Esto nos lleva a la regla de oro del enfriamiento: seguir moviéndose. Así es como debería empezar y terminar su entrenamiento. Trate de visualizarlo como una planicie ligeramente elevada: primero, aumentar gradualmente la intensidad; después, correr a un ritmo cómodo pero estimulante; y, por último, bajar la intensidad, de nuevo gradualmente.

INTENSIDAD DEL ENTRENAMIENTO

Antes, trabajaba en un gimnasio de Manhattan al que solían ir ejecutivos de bastante edad. A estos hombres, muchos de los cuales tenían problemas de sobrepeso y de corazón, se les enseñaba la importancia de controlar el ritmo cardiaco. Se les advertía de lo que podía ocurrirles si se pasaban y se les aconsejaba tomarse el pulso antes, durante y después de sus entrenamientos.

De este modo, dando una vuelta por este gimnasio, se veía que la gente pasaba menos tiempo en la cinta andadora o en las bicicletas estáticas que mirando el reloj con los dedos en el cuello, contando nerviosamente los segundos y calculando su ritmo cardiaco. Parecían más preocupados por el pulso que por sus progresos y, definitivamente, no parecían estar disfrutando.

No estoy tratando de quitarle importancia al control del ritmo cardiaco, especialmente en el caso de individuos con factores altos de riesgo. Ya lo he mencionado con anterioridad y vuelvo a decirlo ahora: si tiene antecedentes de problemas del corazón o cumple los factores de riesgo (algo que podrá determinar con la ayuda de su médico, cuando se haga un chequeo con vistas a empezar a correr), debe vigilar su ritmo cardiaco para asegurarse de que está esforzándose lo suficiente, pero no demasiado.

La fórmula que sigue siendo la más empleada es 220 menos la edad; el 60% o 70% de eso es lo que se considera el ritmo cardiaco límite, el ritmo al que el corazón debería latir durante el entrenamiento. Por ejemplo, el ritmo cardiaco límite de un hombre de 35 años debería ser de 220 - 35 = 185. El 70% de 185 es 129. Puede tomarse el pulso en la muñeca (en la cara interna, hacia el lado del pulgar) o en la arteria carótida (en el cuello). Cuente el número de latidos durante 15 segundos y multiplíquelo por cuatro.

Curva de intensidad del entrenamiento.

No obstante, en la actualidad muchos cardiólogos, fisioterapeutas, entrenadores y preparadores físicos utilizan un método mucho más sencillo para calcular el nivel de intensidad de individuos sanos y sin antecedentes de problemas cardiacos. Se llama la «prueba de la conversación» y, simplemente, consiste en que si alguien puede mantener una conversación mientras corre, está trabajando al nivel de intensidad adecuado. Si no puede (si jadea y se sofoca), necesita ir más despacio, porque el nivel de intensidad es demasiado alto. Si no sólo puede hablar, sino que además puede cantar (aunque desafine), es probable que no esté trabajando a una intensidad lo suficientemente elevada. Aunque la «prueba de la conversación» es una buena forma de determinar hasta qué punto se está haciendo trabajar al cuerpo, el entrenador Davidson opina que la mente tiene un papel importante en todo esto: «Creo que existe una relación directa entre lo que se piensa y lo que se siente», dice. «Si una persona puede elaborar un proceso mental coherente mientras corre, es que se siente bien. Cuando se pasa, lo único en lo que puede pensar es en el dolor».

DURACIÓN DEL ENTRENAMIENTO

Si le pide a algún veterano que le indique el momento preciso en el que sintió que realmente se había convertido en un corredor, probablemente mirará al infinito con cara de desconcierto. La transición se produce de forma tan gradual que, después de un tiempo, la gente empieza a pensar que nunca hubo una época en la que no pudiera correr.

Pero los principiantes saborearán el momento mágico. Y ese momento llegará, créanme. Después de un periodo de cuatro a seis semanas, según su edad y condición física, debería ser capaz de caminar y correr cómodamente durante 45 minutos (25 corriendo y 20 caminando). A partir de ese momento, sólo es cuestión de reducir el tiempo para caminar y aumentar el que dedica a correr. Siga los horarios de ejemplo que aparecen en el apéndice de este libro, hasta llegar a recorridos de 5, 8 o incluso 10 kilómetros. Puede parecer un recorrido demasiado largo cuando se está empezando, pero, cuanto más fuerte se haga, más cortas le parecerán esas distancias. Entonces se sentirá de maravilla. «Una vez que haya empezado a correr», dice el doctor Peters, «notará que es cada vez más fácil».

Cuando haya alcanzado el punto de dejar de caminar para empezar a correr durante 20 ó 30 minutos, cuatro o cinco veces por semana, habrá llegado el momento de hacer una pequeña celebración. «Felicítese por lo que ha hecho», dice Davidson. «Ha conseguido un gran hito. Ha alcanzado las recomendaciones de [Ken] Cooper con respecto a la salud cardiovascular».

Esto, en opinión de algunos, es todo lo que necesita. Sin embargo, en la actualidad la mayoría de los cardiólogos opinan que 20 minutos (que se considera la duración mínima de cualquier actividad para mejorar la salud cardiovascular) pueden no ser suficientes. La clave es encontrar un nivel de intensidad que le permita hacer ejercicio sin cansarse durante 45 minutos. «Tiene que pasar esa barrera de los 20 minutos para beneficiarse realmente de un ejercicio aeróbico», dice Peters. «Después de 20 minutos, el cuerpo le pedirá que pare. Pero si sigue corriendo, sentirá que sus energías se renuevan».

Lo que ocurre es que después de 20 minutos el cuerpo se queda sin glucosa (su fuente de energía a corto plazo) y se ve obligado a echar mano de sus reservas secundarias de energía: triglicéridos, grasa, carbohidratos y colesterol (precisamente, lo que queremos que el cuerpo queme). Por este motivo, los 45 minutos son un mejor objetivo si su propósito es la pérdida o el control de peso. Puede pasar esos 45 minutos corriendo o caminando.

Finalmente, por supuesto, llegará a un punto en que podrá correr continuamente durante ese tiempo. Mucho antes, sin embargo, llegará un momento en el que sabrá que ha llevado a cabo la transición. Es difícil determinar cuándo será, porque varía de una persona a otra y depende tanto de la mente como del cuerpo. Pero quédese tranquilo, ese momento llegará. Un día saldrá a correr y lo hará de forma cómoda, natural, sin preocuparse por la técnica o por el pulso. Se sentirá de maravilla. Se sentirá como si lo hubiese estado haciendo toda la vida.

Enhorabuena. Ya es un corredor.

4

FORMA FÍSICA Y PREVENCIÓN DE LESIONES

Pregúntese a sí mismo por qué quiso empezar a correr. Si es como la mayoría de nosotros, la razón será que quería perder peso o mejorar su forma física. Esto nos lleva a otra pregunta: ¿qué es, precisamente, la forma física? ¿Un estado mental, un par de bíceps esculturales, una habilidad para vender zapatillas deportivas? La verdad es que sería posible hacer un seminario en el que se tratase de buscar una definición que le pareciese aceptable a todo el mundo. No tenemos tiempo ni espacio suficiente para hacerlo aquí, así es que trataremos de encontrar una definición que le resulte útil a usted.

El inglés Joseph Rottino, un profesor retirado y corredor de maratones que perdió 14 kilos en su persecución de una buena forma física, propone la siguiente definición: una buena forma física le permite a una persona satisfacer las necesidades diarias de la vida sin someter su cuerpo a un excesivo esfuerzo fisiológico o psicológico.

El doctor Ralph Paffenbarger de Standford University, autor de un decisivo estudio que relacionaba el ejercicio físico con una mayor longevidad y un menor grado de enfermedades coronarias, dice: «La definición [de la forma física] no es sencilla». Una vida más larga y un corazón más sano son sin duda parte de ella (y de las actividades relacionadas con correr). Pero, como explica Paffenbarger, la forma física tiene características deportivas, como la velocidad, la fuerza, la potencia, la agilidad, el equilibrio, el tiempo de reacción y la coordinación, además de características médicas, como la presión sanguínea, el nivel de colesterol y la composición del cuerpo (la proporción de grasa en el cuerpo con relación a la masa muscular). El metabolismo de un individuo también forma parte de su forma física. Como explica Paffenbarger, son cosas sobre las que no podemos ejercer un control, sino una influencia. No se puede bajar la presión sanguínea sólo con cerrar los ojos y desearlo; y, sin ningún género de dudas, tampoco podrá convertirse en un clon de Cher o de Carl Lewis, ni siquiera aunque trabaje todos los días durante el resto de su vida. Sin embargo, puede hacer grandes progresos; puede utilizar todo su potencial natural siguiendo planes sensatos de ejercicio y nutrición, como va a empezar a hacer ahora.

En ese sentido, Paffenbarger sostiene que una gran parte de la forma física está en la mente. «Las actitudes generales influyen en nuestro cuerpo y en los riesgos que tenemos de padecer algunas enfermedades crónicas», afirma. «En el proceso de envejecimiento es extremadamente importante tener una actitud adecuada, pensar que puede hacer algo por su salud. No es la voluntad divina. No es el azar. Es una actitud adecuada».

Como ya hemos dicho, correr parece estimular una actitud más sana. Pero correr no basta para alcanzar una buena forma física. Por este motivo me he tomado algún tiempo para definirla. «Correr sí proporciona una protección cardiovascular», dice el doctor Tom Scandalis, del *New York College of Osteopathic Medicine* (Colegio de Medicina Osteopática de Nueva York). «Pero no le ayudará a levantar un saco de patatas ni a arreglar una cerca. Así pues, si quiere mejorar su forma física general, necesitará hacer algo más que correr».

Por este motivo, no necesitamos una definición de la forma física para salir del paso, sino una enfocada a ayudar a elaborar o mejorar su plan de entrenamiento y en la que la actividad principal sea correr.

LA PIRÁMIDE DE LA FORMA FÍSICA

Las listas en las que se enumeran las características deportivas de la forma física, como la que realizó el doctor Paffenbarger, suelen parecer los requisitos para trabajar de doble de Michael Jordan. Pocos tenemos los genes o los medios para desarrollar todas esas cualidades. No obstante, muchos fisiólogos deportivos hablan de tres componentes principales de la forma física:

1. *Flexibilidad*: Intentamos desarrollar una mayor elasticidad en los movimientos incluyendo estiramientos suaves y graduales tanto antes como después de los entrenamientos. La mayoría de los corredores los odian, pero deberían hacerlos.
2. *Fuerza de músculos y resistencia de los huesos*: A menudo descuidada por los corredores hasta hace muy poco, la fuerza es la capacidad de ejercer un empuje contra una resistencia. Desarrollar la fuerza aumenta la masa muscular y la densidad ósea, a la vez que ayuda a prevenir lesiones (por no mencionar que contribuye a que no tengamos aspecto de palillos). La otra ventaja de un entrenamiento para desarrollar la fuerza es la resistencia muscular, que le permite a nuestros músculos funcionar de forma eficaz durante periodos de tiempo más largos, como por ejemplo, una carrera de distancia.
3. *Resistencia cardiovascular*: Es la capacidad del corazón y los pulmones para usar el oxígeno eficazmente durante el ejercicio. Sin duda, correr le ayudará a conseguirlo, pero hay otras formas de desarrollar la resistencia cardiovascular que también debería conocer (como el entrenamiento combinado o *cross-training*).

Ésta es la pirámide: si corre para ponerse en forma y si quiere mejorar como corredor, debería incluir en su plan de entrenamiento ejercicios que desarrollen las tres partes. No es tan duro como parece y, además, hará algo más por usted: lo pondrá en forma, por definición.

FLEXIBILIDAD

Una de las modas más interesantes con respecto a los gimnasios es la aparición de las llamadas «clases de flexibilidad». Estas sesiones son una alternativa a las típicas clases de aeróbic o de baile y usan estiramientos tradicionales, posturas de yoga e incluso movimientos de ballet o de danza para ayudar a los participantes a suavizar la tensión muscular, aumentar la gama de movimientos y mejorar la postura. Los monitores de estas clases me dicen que la mayoría de sus alumnos pertenece a dos tipos distintos: corredores y gente que antes se dedicaba al aeróbic más duro. Las articulaciones de estas personas han soportado muchos impactos a lo largo de los años, en la carretera o en los duros suelos de madera de los gimnasios. Ninguno de ellos parecía haber dedicado mucho tiempo en el pasado a pensar en los estiramientos. Ahora, cuando les crujen las rodillas y les duele la espalda, están pagando el precio.

Durante años, los corredores han negado la importancia de los estiramientos. ¿Cómo iban a ponerse a intentar tocarse los dedos de los pies cuando la carretera parecía estar llamándolos? ¿Cómo podría compararse el estiramiento del tendón de los músculos flexores de la pierna con la sensación que produce correr durante ocho kilómetros? La verdad es que no se puede, o al menos no en mi libro. Pero eso no quiere decir que no se deba hacer o que no le ayude a sentirse bien, aunque parezca demasiado pasivo y no tan agotador y vigorizante como caminar, correr o levantar pesas. Le aconsejo que consulte en su gimnasio o en centros similares para ver si ofrecen clases de flexibilidad o de yoga. Si lo hacen, le recomiendo que haga un hueco en su horario y lo incluya en su plan de entrenamiento. De este modo, el plan será más eficaz, logrando que usted sea más flexible y menos propenso a las lesiones que se extendieron como una plaga entre los corredores de la generación del «boom del *footing*», que pasaban por alto esta importante parte de la pirámide de la forma física. La flexibilidad también es un elemento clave del rendimiento: los músculos fuertes y estirados son capaces de contraerse con más fuerza, permitiéndole generar más fuerza y correr más rápido.

Por supuesto, puede mejorar su flexibilidad sin tener que asistir a una clase, sólo con seguir su propia tabla de estiramientos. El escritor y gurú de los estiramientos Bob Anderson afirma que el primer objetivo de éstos debería ser la reducción de la tensión muscular y que la primera decisión que se debe tomar sobre una tabla de estiramientos no es qué se va a hacer, sino cuándo. El momento en el que se deben hacer los estiramientos ha sido motivo de más de un debate en los círculos deportivos. Tradicionalmente, los estiramientos formaban parte del calentamiento, antes de empezar a correr. Pero un número cada vez mayor de expertos afirma que el mejor momento es después del entrenamiento, cuando los músculos aún no se han enfriado.

Anderson esquiva hábilmente este argumento diciendo que la tabla ideal de flexibilidad debería incluir estiramientos tanto antes como después del entrenamiento. Lo importante, según él, no es cuándo se estira, sino el hecho de estirar. No es necesario que sea cuando corre. A veces, por la noche, cuando estoy viendo la televisión, sin darme cuenta me bajo de la cómoda silla y me pongo a hacer estiramientos. A otros les gusta hacerlos cuando se levantan, por la mañana.

Los haga cuando los haga, lo importante es que los haga de forma correcta. Todavía me sorprendo cuando veo corredores (la mayoría, hombres mayores), que empiezan saltando arriba y abajo o haciendo flexiones. Parecen extras del rodaje de una película sobre la Segunda Guerra Mundial, con filas y filas de chicos con camisetas blancas, saltando arriba y abajo con una coordinación militar. Aunque la calisténica (ejercicios rítmicos para desarrollar la fuerza) tiene su valor, no se trata de ejercicios de estiramiento ni de flexibilidad, da igual lo que le dijera su profesor de gimnasia.

La forma adecuada de estirar no es dura, rápida ni violenta. Es gradual, lenta y, sobre todo, sin llegar nunca a sentir dolor. Cuando estire en una posición, debería sentir lo que Anderson llama «una suave tensión». No vaya más allá; mantenga el estiramiento en ese punto y sienta cómo sus fibras musculares se alargan. Respire despacio, relájese y manténgase en esa posición de 5 a 15 segundos. En ese punto, debería sentir una ligera laxitud en los músculos. Si no es así, pare. El dolor indica que el cuerpo está intentando combatir el estiramiento contrayendo los músculos que usted quiere estirar. Después de este primer estiramiento, Anderson sugiere parar y repetirlo durante 10 ó 20 segundos. Este estiramiento, llamado «de desarrollo», aumentará su flexibilidad.

Recuerde: no es ni una carrera ni un concurso. No se preocupe por cuánto puede estirar y cuánto tiempo puede mantenerlo. No salte cuando esté haciendo estiramientos. Hágalo adecuadamente; mucha gente los hace de forma incorrecta y acaba por resentirse. Le ayudará conocer los grupos de músculos que está trabajando y sentir el estiramiento en esa zona mientras hace cada ejercicio.

Los cuatro principios de la flexibilidad

Una buena tabla de estiramientos debería trabajar los principales grupos de músculos. Mucha gente estira de forma instintiva, como los gatos, y hay muchos estiramientos que pueden hacerse de esa forma. Pero los principios básicos son estos cuatro:

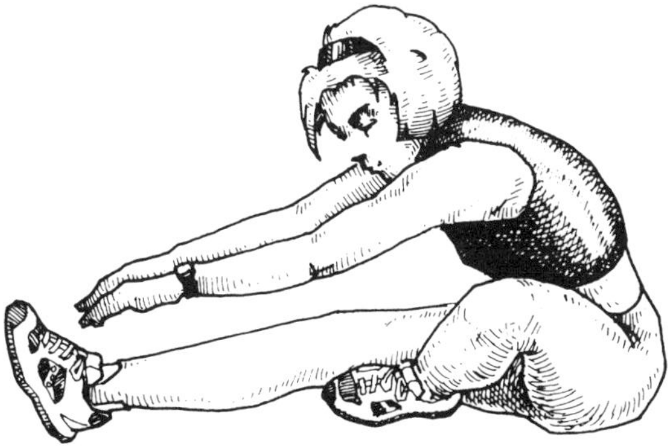

Estiramiento del tendón de los músculos flexores de las piernas. Siéntese y extienda las dos piernas. Manteniendo una pierna doblada, inclínese suavemente hacia delante, hasta donde llegue. No intente tocarse los dedos de los pies. Repítalo con la otra pierna.

1. **Estiramiento del tendón de los músculos flexores de la pierna:** Trabaja los grandes músculos de la parte posterior del muslo. Es una variante más segura del llamado «estiramiento del vallista». Sencillamente, siéntese y extienda las dos piernas. Manteniendo una pierna doblada, inclínese suavemente hacia delante, hasta donde llegue. Mantenga esa posición durante 20 segundos, después repítalo con la otra pierna. No se esfuerce por llegar a los dedos del pie. Una vez estuve a punto de hacerme daño en la espalda intentándolo en una clase de yoga, empeñado en tocarme los dedos de los pies, como si eso sirviera para probar algo. Lo único que probó fue que mis piernas eran más largas que las de la mayoría de la gente que había en mi clase. Ahora, me conformo con llegar hasta donde puedo y beneficiarme de los estiramientos sin preocuparme de hasta dónde llego.
2. **Estiramiento del cuádriceps:** Este estiramiento trabaja los grandes músculos de la parte anterior del muslo y a menudo se hace de forma incorrecta. Apoyándose en una pared con el brazo derecho extendido, lleve suavemente su pie derecho hacia la espalda con el brazo izquierdo. Intente que su rodilla apunte hacia abajo. (Si lo hace delante de un espejo, casi debería parecer como si hubiesen hecho desaparecer la parte inferior de su pierna.) No se incline cuando haga este estiramiento. Repítalo una segunda vez, llevando la rodilla un poco más atrás (de modo que no pueda verla cuando mire hacia abajo). Esto le ayudará a aumentar su extensión de cadera, proporcionándole un estiramiento del cuádriceps aún más completo. Repítalo con la otra pierna.
3. **Estiramiento de la pantorrilla:** Ayuda a estirar los músculos de la pantorrilla y el tendón de Aquiles, muy importantes en la fase de impulso. El movimiento es similar a la posición que podría adoptar si estuviese ayudando a un conductor a empujar su coche. Con los dos brazos extendidos contra una estructura de soporte, empuje los talones hacia el suelo e incline hacia delante la rodilla. Manteniendo la pierna de atrás estirada, sentirá el estiramiento en los gemelos (la parte superior de la pantorrilla). Repítalo con la rodilla de atrás ligeramente doblada y sentirá cómo se estiran el sóleo (la parte inferior de la pantorrilla) y el tendón de Aquiles. Repítalo con la otra pierna.

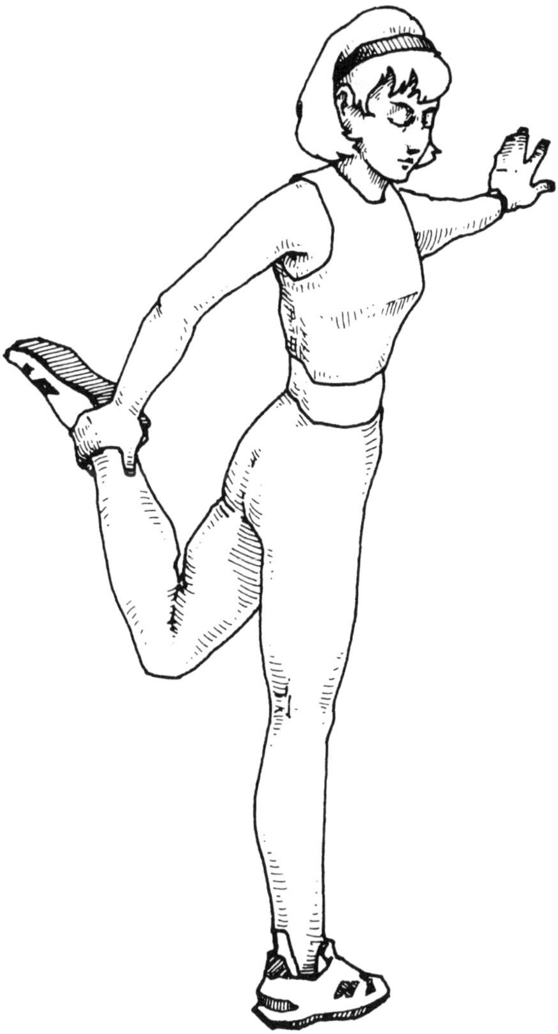

Estiramiento del cuádriceps. Apóyese con el brazo derecho en una pared y lleve suavemente su pie derecho hacia la espalda con el brazo izquierdo. Mantenga la rodilla apuntando directamente hacia el suelo. Repítalo con el pie izquierdo.

4. **Estiramiento de los músculos de la parte inferior de la espalda:** Es uno de los ejercicios que se suele recomendar a la gente que tiene problemas de espalda. Este estiramiento los previene y trabaja los músculos flexores de la pierna y las caderas. Túmbese boca arriba con las piernas extendidas. Levante la pierna izquierda, cójala por debajo con las manos y llévela suavemente hacia el pecho. Repítalo con la otra pierna.

FUERZA MUSCULAR Y RESISTENCIA

Eamonn Coghlan, récord mundial de milla en pista cubierta, recuerda la época en la que su entrenador de Villanova, el legendario Jumbo Elliot, se burlaba de los corredores de distancia que hacían extensiones de pierna en una de las entonces novedosas máquinas de pesas. Coghlan recuerda que Jumbo solía decir: «¡Maldita sea! La mejor forma de adquirir fuerza para correr es, precisamente, corriendo».

Estiramiento de la pantorrilla. Apoyándose con las manos en una pared, empuje el suelo con los talones y doble hacia delante una pierna, manteniendo la otra estirada.

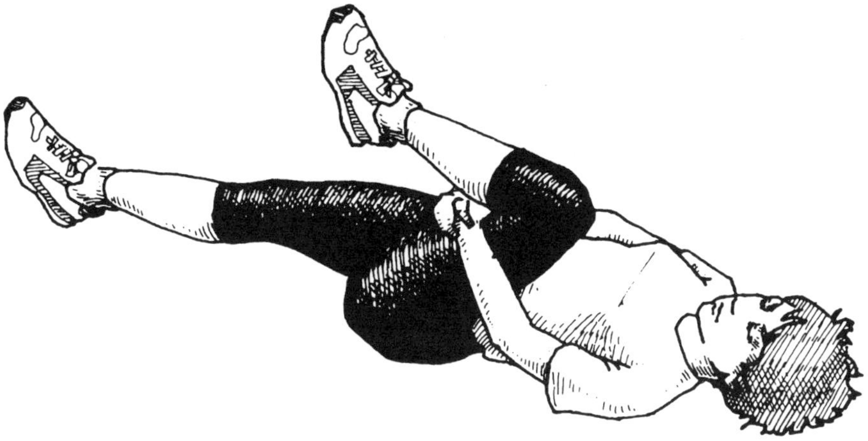

Estiramiento de la parte inferior de la espalda. Túmbese boca arriba con las piernas estiradas. Levante la pierna izquierda, cójala con las manos por detrás y llévela suavemente hacia el pecho.

Ésta ha sido la principal filosofía de los entrenadores y corredores profesionales desde los albores de este deporte. Pero hoy en día esta idea ha cambiado. Aunque todo el mundo coincide en que la parte más importante del entrenamiento de un corredor es precisamente correr, los hechos han demostrado que los ejercicios complementarios de fuerza pueden ayudar a mejorar el rendimiento y prevenir lesiones.

Aunque correr mejora la forma física, no contribuye demasiado a desarrollar la fuerza general del cuerpo. En realidad, un reciente estudio sobre corredores de distancia ha demostrado que, en diez años, muchos de ellos habían perdido masa muscular de la parte superior del cuerpo. Esto tiene consecuencias que van más allá de cómo sientan las camisetas. Unos músculos fuertes le permiten correr de forma adecuada durante más tiempo, lo cual contribuye a prevenir lesiones. Cuando empieza a cansarse y su postura a deteriorarse, usted comienza a inclinarse hacia delante, de modo que se producen tensiones en la espalda, así como en los glúteos y los músculos flexores de la pierna, provocando lesiones. Con un cuerpo fuerte, no obstante, puede mantener una postura correcta y evitar este tipo de problemas.

En general, hay pocas probabilidades de que la mayoría de los músculos, tendones y ligamentos se desgarren o se rompan. Los músculos absorben mejor los impactos y funcionan mejor para equilibrar el cuerpo cuando están en buenas condiciones. No me estoy refiriendo a músculos del estilo de los de los culturistas. Muchos corredores, en especial mujeres, tienen miedo de que el entrenamiento de fuerza los haga demasiado voluminosos. Esto es un tópico. Muchos de nosotros no podríamos tener el aspecto de Mister o Miss Universo ni aunque lo quisiéramos.

El plan ideal de entrenamiento de fuerza trabaja una amplia gama de músculos de las piernas, así como de la parte superior del cuerpo y se debe realizar de forma moderada y correcta. Con este tipo de plan, desarrollará un cuerpo liso y armonioso, no una masa pesada. También adquirirá algo que es esencial en la prevención de lesiones: equilibrio muscular. Para cada músculo del cuerpo hay otro opuesto. Juntos hacen posible el movimiento. Al correr, por ejemplo, los músculos flexores de la pierna trabajan mucho más que su grupo opuesto de músculos, los cuádriceps del muslo. Así pues, la gente que sólo corre desarrolla los primeros mucho más que los segundos. Este tipo de desequilibrio puede provocar lesiones en la rodilla.

¿Cómo se consigue el equilibrio muscular? Fortaleciendo la pierna entera. «Cuanta más musculatura se tenga alrededor de una articulación», dice Scandalis, «más protegida estará la articulación, en este caso, la rodilla». Por lo tanto, no olvide las rodillas cuando elabore un plan de entrenamiento (me sorprende la frecuencia con la que muchos corredores lo olvidan). Más concretamente, emplee movimientos que trabajen tanto la parte anterior como posterior de la pierna.

Cómo desarrollar la fuerza

Recuerde la definición fisiológica de la fuerza: la capacidad de un músculo de producir un empuje. Los entrenamientos de resistencia, que acondicionan el músculo para que produzca más fuerza, generalmente consisten en entrenamiento con pesas. Indiscutiblemente, los entrenamientos de resistencia son la mejor forma de desarrollar la fuerza.

En 1990, el *American College of Sports Medicine* añadió los entrenamientos de resistencia a sus recomendaciones para alcanzar una buena forma física, citando algunos de los estudios sobre pérdida de masa muscular y prevención de lesiones mencionados con anterioridad. Esto quiere decir que todo el mundo debería hacer algún tipo de entrenamiento de resistencia al menos dos veces por semana. Las investigaciones demuestran que esto no sólo mejoraría el rendimiento al correr, sino también algo más importante: mejoraría la forma física general manteniendo la densidad ósea (un factor importante en la prevención de la osteoporosis) y la masa muscular y ayudando a prevenir lesiones en la parte inferior de la espalda. En definitiva, los expertos en medicina deportiva creen que todo el mundo (y no sólo Arnold Swartzeneger) debería mejorar su musculatura. Por supuesto, esto incluye a los corredores, que además mejoran su rendimiento si están más fuertes.

Otro mito sobre el entrenamiento de fuerza (en especial, el tipo de entrenamiento que probablemente hagamos usted y yo) es que requiere pasar muchas horas en el gimnasio intentando levantar pesos alucinantes. No es así. «Para obtener los beneficios», afirma Jamie Nelson, «hay que esforzarse, pero no matarse».

Un programa de pesas libres o de máquinas de resistencia, como Universal, Nautilus o Cybex, es la mejor forma de adquirir fuerza. Pero puede empezar hoy mismo, en casa, con tres ejercicios básicos, usando su propio peso como resistencia. Repita cada ejercicio de 8 a 15 veces, en tres series. Respire rítmicamente y muévase de forma suave y controlada.

1. *Flexiones de brazos*: Muy buenas para el pecho, los hombros y los brazos. Empiece por una versión modificada: rodillas en el suelo y tobillos cruzados. Mantenga las palmas de las manos planas, separadas por una distancia un poco mayor que la de los hombros. Baje despacio, hasta tocar el suelo con el pecho y las caderas al mismo tiempo. Suba, pare y repítalo. Cuando pueda hacer flexiones normales cómodamente, asegúrese de mantener la espalda recta.

2. *Abdominales*: Ésta es la forma correcta de fortalecer la zona abdominal (y no los anticuados ejercicios de sentarse y levantarse, que suelen trabajar más los músculos flexores de la cadera que los abdominales). Túmbese boca arriba con los pies encima de una silla o con las piernas dobladas y los pies apoyados en el suelo. Cruce los brazos sobre el pecho y, a continuación, eleve los hombros, manteniendo la parte inferior de la espalda pegada al suelo. Sentirá la tensión en los músculos abdominales. Después baje lentamente los hombros y repita el ejercicio. Espire mientras se eleva e inspire cuando vuelva a bajar.

3. *Flexiones de piernas*: Trabajan toda la parte inferior del cuerpo. Tenga en cuenta que consisten en doblar ligeramente las rodillas. Con la espalda recta, la cabeza alta y los brazos en jarra o hacia delante para mantener el equilibrio, baje suavemente hasta quedarse como si estuviera sentado. A continuación, empuje hacia arriba con los talones, manteniendo los pies en el suelo.

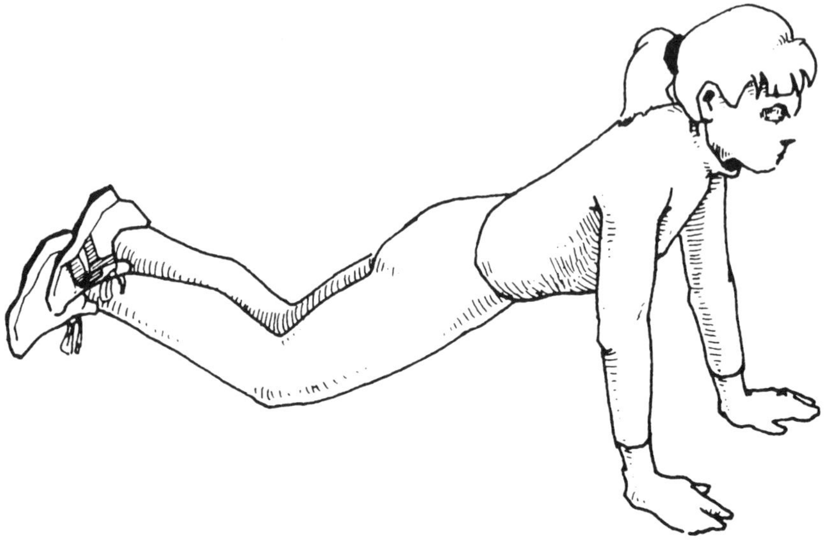

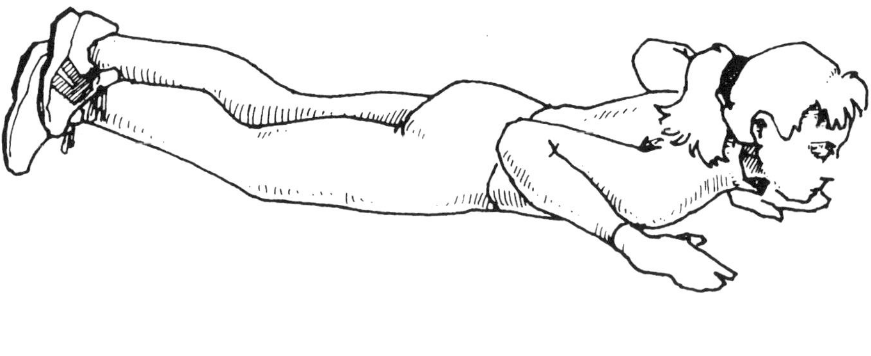

Versión modificada de las flexiones de brazos. Con las rodillas en el suelo, los tobillos cruzados, las palmas de la mano planas y separadas por una distancia ligeramente superior a la que hay entre los hombros, descienda lentamente y toque el suelo con el pecho y las caderas al mismo tiempo.

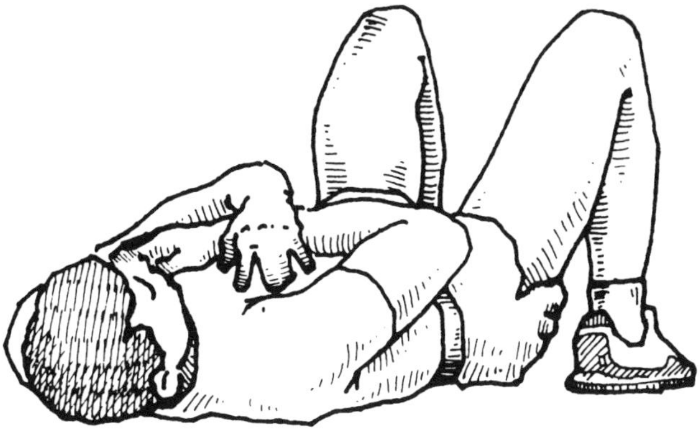

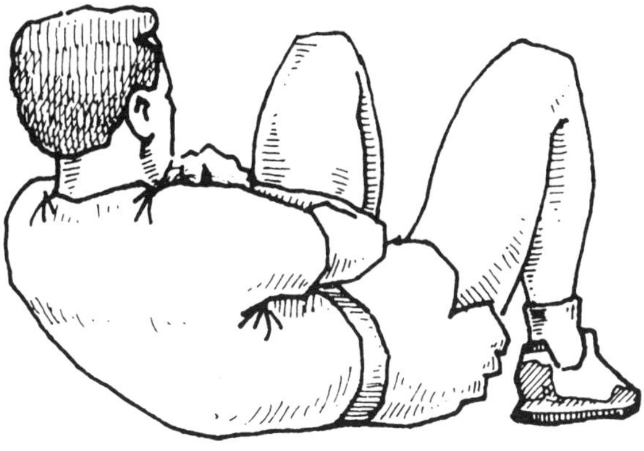

Abdominales. Túmbese boca arriba con los pies en una silla o en el suelo. Cruce los brazos sobre el pecho y eleve los hombros. Mantenga la parte inferior de la espalda pegada al suelo.

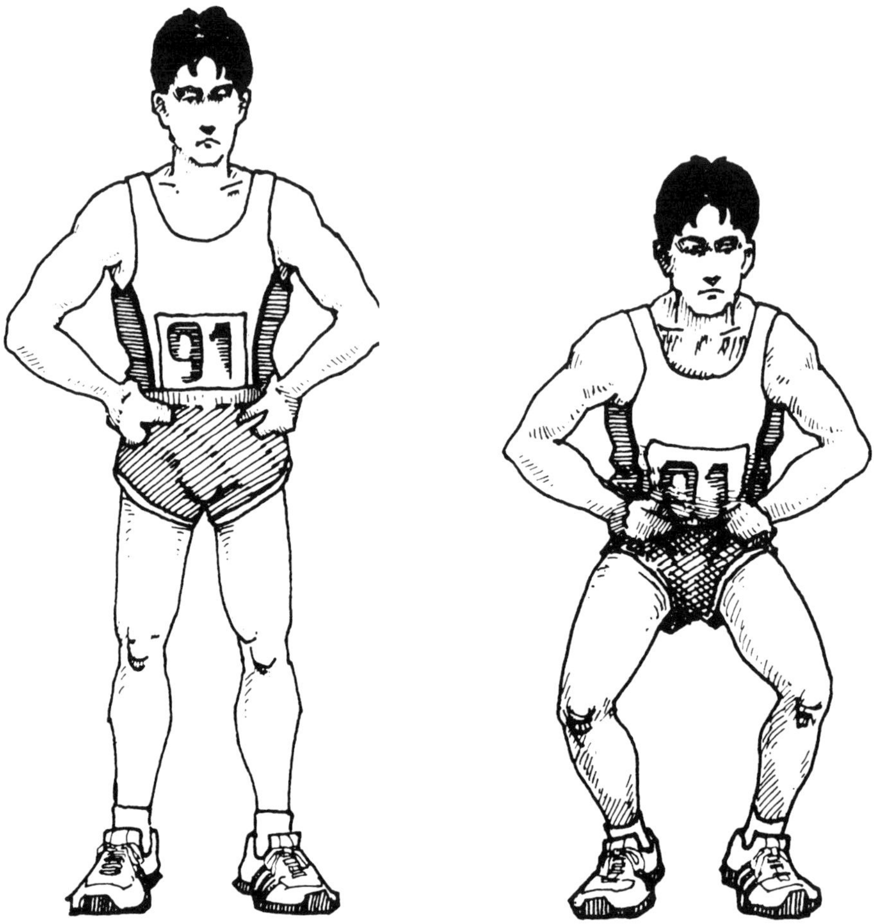

Flexiones de piernas. Con la espalda recta, la cabeza alta y los brazos en jarra o hacia delante para mantener el equilibrio, baje lentamente hasta alcanzar una posición como si estuviese sentado. Mantenga los pies bien pegados al suelo.

¿Siente la fuerza en las piernas? Eso es lo que este tipo de entrenamiento trata de preservar y mejorar. Intente hacer tres series de 8 a 15 repeticiones de cada uno de estos ejercicios, tres veces por semana. No obstante, le recomiendo que, tan pronto como pueda, se meta en un gimnasio, donde le enseñarán a utilizar correctamente las máquinas y pesas de las que dispongan. O si no, hágase con un par de pesas y un vídeo que enseñe a realizar entrenamientos de fuerza.

No importa que lo haga en casa o en el gimnasio, pero hágalo. Notará la diferencia cuando corra, y también en su vida diaria.

ENTRENAMIENTO COMBINADO O *CROSS-TRAINING*

Los triatlones (esa prueba de natación, ciclismo y carreras que probablemente haya visto en la televisión o incluso en las calles de su ciudad) se han hecho populares durante la última década. Al desarrollo de esta modalidad deportiva contribuyeron en gran medida corredores que entrenaban demasiado y se habían aburrido o, más a menudo, que estaban lesionados y buscaban formas alternativas de entrenar y competir. Menciono esto en parte como una advertencia respecto al exceso de entrenamiento. Sé que puede parecer raro cuando se está empezando a establecer un plan regular de entrenamiento, pero lo he visto en demasiadas ocasiones. La gente se engancha a correr (a menudo se le llama «adicción positiva») y comienza a correr a diario. Pronto empiezan a correr distancias significativas (de hasta 15 kilómetros o más) uno y otro día. Esto es bueno para la salud cardiovascular, pero sólo puede terminar con una cosa: una lesión.

Aunque las investigaciones demuestran que hay que correr al menos tres días a la semana para mejorar como corredor, no tiene por qué hacerlo todos y cada uno de los días para obtener beneficios. En realidad, las investigaciones también prueban que se obtiene un rendimiento óptimo entrenando cuatro o cinco veces a la semana. Más allá, el riesgo de lesiones aumenta.

¿Y qué pasa los días en que hay ventisca o una lluvia torrencial? ¿Qué ocurre cuando la temperatura es demasiado alta, o el viento aúlla, o se hace demasiado tarde para correr sin peligro por la ciudad? ¿Hay que pasar de correr? Puede que no quede más remedio, pero haciéndolo estará perdiendo un día de entrenamiento cardiovascular. Por este motivo es tan conveniente como prudente hacer algún tipo de entrenamiento combinado de vez en cuando.

Como éste es un término que se usa mucho últimamente, me fui al lugar en el que el término había aparecido por primera vez para buscar una definición: el libro de Gordon Bakoulis que tiene el mismo nombre. Bakoulis afirma: «El entrenamiento combinado o *cross-training* consiste en cualquier plan de acondicionamiento físico que incorpore varias actividades de forma sistemática para promover una forma física equilibrada». Por supuesto, esto es lo que hace cuando añade ejercicios de fuerza y flexibilidad a su plan de entrenamiento. Pero, aunque correr puede ser la mejor forma de desarrollar la resistencia cardiovascular, ciertamente no es la única. El entrenamiento combinado puede conseguirse por distintos medios: ciclismo, bicicletas estáticas, esquí de fondo, clases de aeróbic, remo, natación e incluso caminar.

Debería realizar estas actividades no sólo para mejorar su salud cardiovascular (es decir, si se hacen de forma continuada durante 45 minutos y a un nivel de intensidad que le permita hablar pero no cantar), sino también para su mente, su cuerpo y, por supuesto, sus rodillas.

LAS DIEZ REGLAS DE LA PREVENCIÓN DE LESIONES

Un estudio realizado por *Centers for Disease Control* (centros para el control de enfermedades), en Atlanta (EE.UU.) reveló que aproximadamente el 15% de los corredores necesitó atención médica por una lesión determinada en un año concreto. El porcentaje real de lesiones es probablemente más alto, si tenemos en cuenta que la mayoría de los corredores no acuden al médico por lesiones menores. Cuando hablo con asociaciones locales de corredores de la zona de Nueva York, les digo que, de acuerdo con mi experiencia, las lesiones son lo único que tienen en común las carreras de distancia y el fútbol americano. Creo que el porcentaje de lesiones es más o menos el mismo: casi el 100% de todos los participantes sufre una lesión en algún momento de su carrera.

Aunque puede ser inevitable en el caso del fútbol americano, puede prevenirse en el otro. ¿Cómo? Manteniendo los músculos fuertes y flexibles y siguiendo algunos principios de sentido común. Muchos de ellos ya se han tratado con anterioridad, otros se tratarán en el próximo capítulo. La *International Marathon Medical Directors Association* (asociación internacional de directores médicos de maratones) ofrece un buen resumen: «Las diez reglas» de la prevención de lesiones en maratones o carreras de distancia. Con su ayuda, lo más probable es que no se quede fuera:

1. Asegúrese de estar físicamente preparado para llevar a cabo las actividades que piensa realizar.
2. Entrene de forma correcta.
3. Siga los consejos sobre nutrición.

4. Mantenga una hidratación adecuada antes, durante y después de la carrera (en otras palabras, beba mucha agua).
5. Haga ejercicios de calentamiento y estiramientos antes de correr y, después, ejercicios de enfriamiento y estiramientos.
6. Vístase de forma apropiada, de acuerdo con el tiempo.
7. Use un calzado adecuado y cómodo.
8. Compruebe el estado de la superficie sobre la que va a correr.
9. No haga demasiado, vaya a su propio ritmo.
10. Escuche a su cuerpo; aminore o incluso pare si no se siente bien.

5

CÓMO TRATAR LAS LESIONES

Mary Ann Stepic, una triatleta profesional de 26 años, corre desde hace 12 años y ha padecido un gran número de lesiones. En una ocasión, su traumatólogo le dijo que debía dejar de correr... para siempre. Éste no es el tipo de consejo que un atleta quiere oír. «Me dijo que era posible que no pudiese volver a correr o caminar. Estaba totalmente en contra de que corriese; intentaba protegerme», dice. El médico le aconsejó que practicase otro deporte y eso hizo. Pero no podía contener las ganas de correr. «Puedo nadar todo lo que quiera sin hacerme daño en las rodillas, pero no quería hacer sólo eso. Me gustaba tanto correr que no quería parar».

Afortunadamente para Stepic, su médico había exagerado la gravedad de su estado, pero ella encarna la actitud del corredor. Un corredor corre, como suele decirse, y por causa de diversos factores es propenso a las lesiones. Hay una frontera muy difusa entre esforzarse hasta el límite (que es la esencia de lo que hacen los corredores profesionales) y caer en el abismo de las lesiones. Es posible, no obstante, reducir al máximo el alcance de las lesiones y la cantidad de tiempo que se tarda en volver a correr.

En este capítulo se tratan brevemente los diversos tipos de lesiones relacionadas con este deporte: sus causas, las señales de alarma, las lesiones en sí y cómo y quién debería tratarlas, entre otras cosas. Tenga en cuenta que no se tratan todos los males que pueden afectar a los corredores, porque ese tema podría llenar otro libro entero. Sólo se abarcan las lesiones más frecuentes. (*Nota*: la deshidratación, la hipotermia y otros trastornos no se consideran lesiones en este estudio.)

Todas las lesiones relacionadas con este deporte derivan de una de estas causas o de la combinación de las tres: un entrenamiento incorrecto, problemas biomecánicos o factores del entorno. Con mucho, la principal causa de lesiones es un entrenamiento inadecuado, que puede presentarse de diversas formas. Algunos de los errores que habitualmente cometen los veteranos y los principiantes son: exceso de entrenamiento, estiramientos inapropiados, descanso insuficiente y falta de sentido común cuando se recuperan de una lesión.

Los corredores neófitos son especialmente vulnerables al síndrome conocido como «demasiado y demasiado pronto». Muchos corredores empiezan a practicar el deporte uniéndose a un amigo (que normalmente es un corredor experimentado). En vez de consultar a un entrenador o un libro como éste y elaborar un plan progresivo de entrenamiento adaptado a sus necesidades y capacidades individuales, intentan empezar corriendo al mismo ritmo que su amigo. Esto es poco realista, por no mencionar que también es potencialmente peligroso, especialmente si el principiante tiene exceso de peso o ha sido sedentario durante algún tiempo. (Por supuesto, cualquier persona que piense comenzar un plan de entrenamiento debería antes hacerse un examen médico completo.) Otra práctica peligrosa de los principiantes es incrementar el número de kilómetros de repente. El cuerpo tiene una capacidad limitada para adaptarse. Si pasa por alto la etapa de dejar que éste se adapte lentamente a hacer un mayor número de kilómetros, lo estará sometiendo a un esfuerzo mayor del que puede soportar. En ese caso, hay muchas posibilidades de que se produzca una lesión. Así pues, ¿cómo incrementar el número de kilómetros sin aumentar las probabilidades de lesión? Con la ayuda de la regla del 10%: no incremente el número de kilómetros en más del 10%.

Incluso para los corredores profesionales que han aumentado poco a poco el número de kilómetros que recorren, hay un límite con respecto a cuánto puede aguantar el cuerpo antes de empezar a colapsarse. «En el vocabulario del corredor falta una palabra: "moderación"», dice el doctor Andrés Rodríguez, director médico de la maratón de la ciudad de Nueva York. «La moderación es extremadamente importante. El entrenamiento debe ser moderado y progresivo». Los estiramientos, como se comenta en el capítulo anterior, son igualmente importantes.

Además está el reposo, que algunos consideran la parte más olvidada de los planes de entrenamiento. Un descanso insuficiente provoca un gran número de lesiones. Una de las reglas básicas de los corredores profesionales es no hacer entrenamientos duros en días consecutivos. Alternar el entrenamiento duro o largo con el corto o fácil permite que los agotados músculos se repongan del esfuerzo. Cada vez que corra rápido, sus fibras musculares se resentirán. Sorprendentemente, los músculos se curarán solos en 48 horas, si les deja hacerlo. Si, por el contrario, corre rápido dos días seguidos, será mayor el riesgo de que las fibras se desgarren y de padecer una lesión a largo plazo.

Otro punto importante es darle el tiempo suficiente a una lesión para que se cure completamente. Para la mayoría de los corredores, esto es más fácil de decir que de hacer. Para la mayoría de los atletas, un parón de este tipo va normalmente acompañado por una depresión. Sienten una extraordinaria ansiedad por volver a correr. Algunos hasta se atreven a correr mientras están lesionados (muy mala idea). Tardará mucho más en curarse y volver a correr al 100% si continúa haciéndolo mientras está lesionado. Además, al compensar por culpa de una lesión (normalmente, adaptando la forma de correr) a menudo se desarrolla una lesión diferente. «Los corredores son adictos a este deporte y muchos de ellos no usan el sentido común», dice el doctor Rodríguez. Mi lema es éste: piense con la cabeza, no con los pies.

Los problemas biomecánicos, como un exceso de pronación o supinación, y las diferencias de longitud entre las piernas, son la segunda causa más frecuente de lesiones al correr. La pronación excesiva, que consiste en girar el pie demasiado hacia dentro al pisar, es el factor biomecánico que provoca más lesiones. Tanto la pronación como la supinación pueden corregirse con métodos ortopédicos: plantillas de plástico duro o cuero que los podólogos recomiendan para controlar estos movimientos anormales o excesivos del pie.

Aunque pueda parecer extraño, mucha gente tiene las piernas de distinta longitud. En realidad, una pierna es más corta que la otra. Es obvio que un problema de este tipo puede causar dificultades al correr. Puede corregirse con la utilización de elevadores del talón.

Por último, el entorno (el clima, el terreno y el calzado) también puede causar lesiones. Correr por la nieve o bajo la lluvia puede ser divertido, pero también puede ser resbaladizo, con el consiguiente riesgo de lesiones. No hay mucho que pueda hacer a este respecto, excepto tener cuidado.

Esto mismo se aplica a correr por carreteras inclinadas o con una elevación en la parte central (se suele hacer para el desagüe y el ángulo es menos pronunciado en el centro de la calzada), en la playa o por cuestas.

Las zapatillas para correr también pueden provocar una lesión si no se adaptan perfectamente al corredor y a su tipo de cuerpo. Con la prácticamente ilimitada gama de calzado deportivo que existe hoy en día, escoger la zapatilla perfecta para usted no debería ser difícil, si va a una buena tienda de artículos deportivos (ver capítulo 2). «Hay que recordar una cosa», dice el doctor Rodríguez: «Lo único que separa al corredor de la carretera es el calzado. Así pues, su importancia es enorme. Si no tiene el par de zapatillas adecuado, se lesionará».

También sufrirá una lesión si no presta atención a las señales de alarma que le indican que existe un peligro inminente. Naturalmente, es de esperar que se produzcan algunos dolores en los músculos, los huesos y las articulaciones cuando se recorren distancias largas. Sin embargo, se le debe tener un mayor respeto a los dolores más agudos y persistentes. Cuando su cuerpo le avisa de que hay un peligro inminente, en ocasiones puede evitar una lesión. Algunos dolores son muy suaves, por lo que debe aprender a escuchar y aprender lo que su cuerpo le dice. Si siente dolor al correr, debería reducir inmediatamente el número de kilómetros y, posiblemente, parar durante un rato. Además, no debe correr después de haber tomado analgésicos, porque si lo hiciera no podría sentir las señales que su cuerpo le envía en forma de dolor.

Sin embargo, el dolor no es la única señal de alarma. En el libro *Run Gently, Run Long*, de Joe Hendderson, se enumeran otras diez.

1. Malestar persistente y rigidez de los músculos, las articulaciones y los tendones.
2. Frecuentes catarros, dolores de garganta y de cabeza.
3. Hinchazón de los ganglios linfáticos, especialmente debajo de los brazos.
4. Erupciones cutáneas (acné, herpes labial, etc.).
5. Excesivo nerviosismo, depresión e irritabilidad.
6. Fatiga molesta y astenia persistente.
7. Dolores de estómago, a menudo acompañados de pérdidas de apetito.
8. Diarrea o estreñimiento.
9. Descenso en el rendimiento sin motivo aparente.
10. Desinterés por las actividades cotidianas.

Tras detectar alguna señal de alarma, se deberían tomar medidas (generalmente, reducir la intensidad y duración de los entrenamientos). Si no sabe interpretar las señales de alarma (o decide ignorarlas), sufrirá una lesión.

Hay dos tipos diferentes de lesiones: agudas y crónicas. Las lesiones agudas, como una torcedura de tobillo o un desgarro de los músculos flexores de la pierna, se deben a una fuerza repentina. Las lesiones crónicas, como la rodilla del corredor o las fisuras en la tibia o el peroné, se desarrollan progresivamente a partir de repetidos traumatismos.

La mayoría de las lesiones del corredor están en la segunda categoría y las trataremos más adelante. En el caso de las lesiones agudas, los primeros auxilios pueden hacerse necesarios. Si hay hemorragia, debe cortarse, la persona lesionada tiene que estar cubierta para prevenir un *shock* y deben controlarse sus constantes vitales. La zona lesionada debe estar elevada y protegida y es necesario solicitar asistencia médica.

Para otras lesiones agudas, lo único que hay que recordar son estas siglas: RHCE (reposo, hielo, compresión y elevación). El descanso debería comenzar cuanto antes para cortar la hemorragia y la hinchazón de la zona lesionada. Para algunos trastornos (como los dolores musculares, por ejemplo) bastará con un día o dos de inactividad para que los músculos se curen. Hay que aplicar hielo inmediatamente si hay inflamación en la zona afectada. El hielo contrae los vasos sanguíneos, reduciendo la circulación en esa área y alrededor de ella, lo cual, a su vez, suaviza la hinchazón y la inflamación. Se recomienda aplicar hielo sobre la zona durante 10 ó 20 minutos. Después de quitar el hielo, los vasos sanguíneos se dilatan y fluye sangre fresca hacia esa zona, llevando oxígeno y nutrientes y eliminando el tejido dañado. En caso de dolores, esguinces, hinchazón o inflamación, se recomienda aplicar hielo periódicamente durante 10 ó 20 minutos en el transcurso de las 48 horas siguientes a la lesión.

Además, la compresión también ayuda a reducir la hinchazón. Envolviendo con vendas la zona afectada, se restringe el acceso de la sangre a ella (que puede causar hinchazón o inflamación) y, por consiguiente, se dirige la sangre hacia el corazón, donde recibe oxígeno fresco. Por lo tanto, es importante no apretar demasiado los vendajes, para que no se corte del todo la circulación sanguínea. Por último, elevando la zona afectada por encima del nivel del corazón se evita la hinchazón del tejido blando por simple efecto de la gravedad. RHCE es probablemente el tratamiento más sencillo y eficaz que hay a su disposición. Por supuesto, si la lesión no responde a este tratamiento en 48 horas o si tiene otros problemas, debe buscar asistencia médica por todos los medios.

Como se ha mencionado anteriormente, el corredor es una criatura extraña. A pesar del hecho de que mucha gente corre por motivos de salud, cuando su salud se ve amenaza por causa de este deporte, se niegan a dejar de practicarlo. En este punto, el entrenamiento combinado es un regalo llovido del cielo. Además de las ventajas que proporciona respecto a la prevención de lesiones, también le permite a la gente que ha tenido que dejar de correr temporalmente seguir manteniéndose en forma sin perjudicarse más. Para casi todas las lesiones hay una actividad alternativa que no dañará la zona afectada. Las actividades en las que no hay que soportar pesos, como el ciclismo, la natación o el remo, pueden no darle las mismas satisfacciones a un corredor, pero ciertamente ahuyentan la depresión, el astenia y la acumulación de grasas mientras se recupera. «El entrenamiento combinado evitará que haga esfuerzos con los talones y las piernas», dice el doctor Rodríguez. «Mientras nada o monta en bicicleta, está dejando descansar a los músculos que se usan al correr. Por lo tanto, más adelante podrá volver a hacer *footing*».

El entrenamiento combinado ayuda a la prevención de lesiones y permite que una persona que ha tenido que dejar de correr temporalmente siga manteniéndose en forma. El ciclismo, la natación o el remo son algunas sugerencias para los corredores interesados en el entrenamiento combinado.

Para una lesión específica, su primera preocupación debería ser obtener un diagnóstico correcto. Según su gravedad y los conocimientos que usted tenga sobre lesiones, puede que no tenga que consultar a un médico inmediatamente. Naturalmente, si el dolor es intenso y sabe cuál podría ser su causa, no dude en ir a ver a un profesional de la medicina deportiva en el acto. Si sospecha qué puede ser lo que ha causado la lesión y el dolor es soportable, puede tratarlo usted mismo. Obviamente, si el remedio casero no funciona, debería consultarlo con un profesional. No olvide prestar una gran atención a los síntomas para poder ayudar al médico a elaborar un diagnóstico correcto. A continuación, tiene un resumen de las lesiones más frecuentes en los corredores, sus síntomas, posibles causas y tratamientos recomendados.

RODILLA DEL CORREDOR

DEFINICIÓN Y SÍNTOMAS: La rodilla del corredor se refiere en realidad a un cúmulo de lesiones que se producen al correr. Una de las dolencias más frecuentes se conoce médicamente como «condromalacia», o reblandecimiento del cartílago, y básicamente consiste en una erosión de la parte interior de la rótula. Los síntomas incluyen crujidos en la rodilla y un dolor muy agudo debajo de la rótula al correr distancias largas, por terrenos accidentados o al bajar escaleras. Además, una sensación rechinante acompaña los movimientos de la rodilla y puede producirse un agarrotamiento alrededor de ella después de periodos de descanso.

POSIBLES CAUSAS: La rodilla del corredor es la clásica lesión derivada de un exceso de esfuerzo, que puede deberse a un sinfín de factores, como pueden ser la pronación, una zancada demasiado larga, un exceso de entrenamiento, diferencias en la longitud de las piernas, zapatillas desgastadas, correr por pendientes o una forma de correr inadecuada.

RESPUESTA Y TRATAMIENTO: RHCE y aspirina (o ibuprofeno) para aliviar el dolor y la hinchazón. Debería aplicar hielo en la zona afectada inmediatamente después de la lesión y cada vez que vuelva a correr hasta que el dolor haya desaparecido. El entrenamiento debería reducirse y, probablemente, sustituirse por una actividad alternativa. Evite las carreteras con una gran inclinación en el centro, ya que esto puede causar una excesiva pronación. Debería evitar correr por terrenos accidentados, porque esto provoca excesivas tensiones en las rodillas. Debería empezar inmediatamente a realizar ejercicios para fortalecer los cuádriceps y mejorar la flexibilidad de la pantorrilla y de los músculos flexores de la pierna. Debería observar sus zapatillas para ver si no proporcionan el soporte adecuado, especialmente en el talón y en la mediasuela, donde la espuma de EVA puede romperse después de seis meses o un año. La ortopedia puede resultar muy eficaz para compensar una excesiva pronación, mientras que las plantillas pueden serlo para las diferencias de longitud entre las piernas. Por último, la cirugía artroscópica (con la que se extirpa el cartílago mediante una pequeña incisión en la rodilla) debería considerarse únicamente como última opción.

FISURAS DE TIBIA Y PERONÉ

DEFINICIÓN Y SÍNTOMAS: Como en el caso anterior, se trata de un término general. Básicamente, se refiere a un dolor en la parte interior e inferior de la pierna. Este tipo de dolor se siente normalmente al tomar contacto con una superficie dura (como por ejemplo, al correr sobre cemento). Un síntoma claro de esta lesión es sentir dolor al tocar la zona que rodea a la tibia.

POSIBLES CAUSAS: Pueden tener distintas causas: una periosteitis traumática o microfracturas de la tibia y en ocasiones tendinitis o tensiones en la parte inferior de la pierna. Pueden verse agravadas por un exceso de pronación o por tensiones en los músculos de la cara posterior de la pierna. Otras posibles causas incluyen diferencias de longitud entre las piernas, exceso de entrenamiento, zancadas demasiado largas, zapatos inapropiados o entrenamientos por pendientes. Son especialmente frecuentes en principiantes o corredores en baja forma que intentan hacer demasiado en muy poco tiempo.

RESPUESTA Y TRATAMIENTO: RHCE y aspirinas para aliviar el dolor y la hinchazón. Si el caso no es grave, por lo general bastará con un día o dos de reposo para mejorar. En casos más graves, habría que reducir el número de kilómetros y considerar la posibilidad de realizar una actividad alternativa que no exija levantar pesos (como, por ejemplo, nadar, montar en bicicleta o correr con un flotador en aguas profundas). Seguir corriendo podría conducir a fracturas graves. Se recomienda volver a correr progresivamente y evitar las pendientes. Además, podría ser aconsejable cambiar a superficies más blandas. Las zapatillas con un buen acolchamiento son recomendables, mientras que las plantillas pueden reducir las tensiones en la tibia y el peroné. Estiramientos adecuados de los músculos flexores de la pierna y de los músculos de la pantorrilla son altamente recomendables. En caso de exceso de pronación, pueden hacerse necesarios elementos ortopédicos.

FRACTURAS POR SOBRECARGA

DEFINICIÓN Y SÍNTOMAS: Una fractura por sobrecarga es la rotura de un hueso, que normalmente ocurre en el pie, la tibia, el peroné o el fémur, aunque en ocasiones también puede producirse en el tobillo o la pelvis. Se provoca cuando un hueso no puede soportar el aumento de la presión que se ejerce sobre él. Este tipo de fracturas a veces es difícil de diagnosticar, especialmente porque los rayos X no siempre son lo suficientemente sensitivos como para detectarlas. Este tipo de fracturas suele empezar como un malestar débil que, si se ignora, se desarrolla hasta convertirse en un dolor agudo e insoportable. Si un punto del hueso duele al tocarlo y está acompañado por una ligera hinchazón, una fractura puede ser la causa.

POSIBLES CAUSAS: Entrenamientos demasiado largos (especialmente si se hacen con zapatillas que no absorban de forma adecuada los impactos), una forma de correr incorrecta, inestabilidad en los pies, un incremento brusco en la duración o intensidad de los entrenamientos, una distribución incorrecta del peso o una dieta pobre en calcio.

RESPUESTA Y TRATAMIENTO: El reposo absoluto de la zona afectada es obligatorio. Debería dejar de correr (excepto en la modalidad bajo el agua) durante al menos un periodo de cuatro a seis semanas, a veces más. Por lo general, las escayolas no son necesarias (a no ser que le sirvan para dejar de correr). Debería empezar a realizar una actividad alternativa que no exija levantar pesos, como el ciclismo o la natación, con el fin de ayudar a fortalecer los músculos que rodean al hueso dañado y de mantenerse en forma. Una vez que se haya recuperado, asegúrese de llevar calzado con un buen sistema de absorción de impactos, intente correr en superficies blandas y aumente su ingestión de calcio si es necesario. Además, debería tener cuidado de no provocar un exceso de tensión en una parte determinada del cuerpo. No olvide que correr cuando se tiene una fractura de este tipo puede provocar una rotura del hueso mucho más grave.

TENDINITIS EN EL TENDÓN DE AQUILES

DEFINICIÓN Y SÍNTOMAS: El tendón de Aquiles va desde el músculo de la pantorrilla hasta el talón. Cuando se somete al tendón a demasiada tensión, se producen roturas microscópicas. La lesión inicial afecta al tejido graso que rodea al tendón y puede producir dolor al tocar la zona. Si se ignoran los síntomas, el mismo tendón resulta dañado, se reemplaza con tejido cicatrizar y empieza a resentirse de forma crónica.

POSIBLES CAUSAS: Exceso de pronación, demasiados entrenamientos por terrenos accidentados, rigidez en los muslos y pantorrillas y calzado con talón blando o con insuficiente flexibilidad en la punta del pie.

RESPUESTA Y TRATAMIENTO: De nuevo, RHCE y aspirinas son un tratamiento eficaz. Si duele al correr, debería parar por completo y encontrar una actividad alternativa que no le resulte perjudicial. En caso contrario, se recomienda correr en superficies blandas. Seguir corriendo con una tendinitis puede provocar finalmente una rotura, que es algo considerablemente serio. Usar plantillas, así como calzado con refuerzos en el talón y soportes especiales en el arco plantar, a veces puede corregir el problema. Aunque se recomienda hacer estiramientos del tendón de los músculos flexores de la pierna para obtener una mayor flexibilidad, no debería estirar los músculos de la pantorrilla hasta que el dolor haya desaparecido. Estirar un tendón lesionado agrava el daño. Además, incluso cuando esté recuperado, debería evitar correr por pendientes durante unos cuantos meses.

ESGUINCES Y TORCEDURAS

Definición y síntomas: Una torcedura sencillamente quiere decir que un músculo o un tejido conjuntivo se ha inflamado debido a un exceso de tensión. Un esguince, que es mucho más grave, es una rotura del tejido. Dolor e hinchazón acompañan a las dos lesiones.

Posibles causas: Las torceduras pueden producirse por correr en superficies resbaladizas y accidentadas o por pendientes, por usar un calzado con soportes poco estables o inadecuados o por aumentos repentinos de la velocidad cuando el cuerpo no está preparado, desequilibrios musculares, diferencias en la longitud de las piernas o zancadas demasiado largas. Los esguinces normalmente se producen por un accidente al correr, aunque también pueden ser el resultado de desequilibrios estructurales o de correr en terrenos demasiado escabrosos.

Respuesta y tratamiento: RHCE y aspirina. En el caso de los esguinces, no debería volver a correr hasta que el dolor y la hinchazón hayan desaparecido. Envolver el tobillo y el pie con vendas adhesivas puede ayudar a dar soporte y a reducir la hinchazón del tejido blando. En el caso de las torceduras, basta con que deje de correr hasta que pueda hacerlo sin agravar la lesión. Se recomienda correr por terrenos suaves y llanos, así como fortalecer grupos opuestos de músculos y llevar un calzado adecuado.

FASCITIS PLANTAR Y ESPOLONES EN EL TALÓN

Definición y síntomas: La fascitis plantar es una inflamación del tejido fibroso, o fascia plantar, que se encuentra bajo el arco plantar.

Esta lesión deriva de una irritación de ese tejido y de su separación del hueso del talón. A menudo está asociada a la presencia de un espolón óseo en la parte inferior del hueso del talón. El dolor suele ser más intenso al levantarse por la mañana y se agrava al correr.

POSIBLES CAUSAS: Un pie inestable provoca, por lo general, un excesivo estiramiento de la fascia plantar. Esta lesión también puede provocarse por una tirantez en los músculos posteriores de la pierna o por llevar calzado demasiado pequeño, con refuerzos blandos o con desgastes en el talón.

RESPUESTA Y TRATAMIENTO: Una vez más, RHCE y aspirina. Como en el caso de la mayoría de las lesiones que se han descrito hasta el momento, también pueden recetarse antiinflamatorios. El masaje también puede ser eficaz. Resulta beneficioso correr por superficies blandas o encontrar una actividad alternativa. En los casos más graves, debería parar de correr por completo. Los correctores ortopédicos pueden reducir las tensiones mediante una elevación del arco plantar. Los elevadores o las almohadillas pueden reducir el peso en la parte delantera del talón. El último recurso para tratar esta lesión es una intervención quirúrgica. Se separa la fascia plantar del hueso del talón, reduciendo de este modo las tensiones sobre ella.

DOLOR DE ESPALDA Y CIÁTICA

DEFINICIÓN Y SÍNTOMAS: La ciática es un estado en el que se siente un dolor a lo largo del nervio ciático, que va desde la parte inferior de la espalda hasta el pie. La ciática puede provocar o bien una sensación de entumecimiento o bien un dolor muy agudo. Puede sentirse en cualquier punto a lo largo del nervio, como por ejemplo en la espalda, la cadera, la pierna, el tobillo o el pie. En el caso de los corredores, el dolor de la parte inferior de la espalda suele estar acompañado por tensiones musculares o contracturas.

POSIBLES CAUSAS: Un verdadero cúmulo de factores puede provocar dolor de espalda o ciática. Entre ellos, una hernia de disco, una contractura aguda de la zona inferior de la espalda, una alineación incorrecta de la espalda o el exceso de entrenamiento.

RESPUESTA Y TRATAMIENTO: El reposo es esencial. Los antiinflamatorios orales y los relajantes musculares alivian las contracturas. Un soporte de la zona inferior de la espalda, o faja lumbosacra, es muy beneficioso. Debería dejar de correr hasta que el dolor haya desaparecido y, después, reanudar sus actividades de forma progresiva. No debería hacer estiramientos de la zona lesionada hasta que esté libre de dolor. Entonces, podría aplicar ejercicios correctores. Los casos graves de dolor de espalda y ciática requieren intervención médica. Si no se trata, puede degenerar en una enfermedad crónica que merme sus capacidades. Como último recurso, se puede hacer una intervención quirúrgica para extraer los discos dañados o rotos.

ENCONTRAR UN MÉDICO

Si ha decidido buscar asistencia médica, puede ir en muchas direcciones. De hecho, con la reciente revolución de la medicina deportiva, escoger un especialista puede resultar difícil. Como la mayoría de los corredores sufre una lesión en alguna ocasión, hay mucha gente a la que pedirle referencias. Además, su médico de familia puede indicarle la dirección adecuada. O, si lo prefiere, puede ir a una clínica privada de medicina deportiva, en la que un gran número de especialistas trabajan bajo el mismo techo. Las asociaciones de corredores también son una buena fuente de información. Obviamente, el tipo de lesión que padezca determinará a qué especialista tiene que acudir. El doctor Rodríguez sugiere: «Si la lesión se produce en el pie, hay que ir a un podólogo que se encargue de lesiones deportivas. Si la lesión es ósea o muscular, debe ir al traumatólogo o al fisioterapeuta». A continuación, hay una lista de algunos de los distintos tipos de especialistas en medicina deportiva:

Osteópatas: La medicina osteopática no es una especialidad, sino más bien un enfoque amplio y exhaustivo del cuidado médico, que da mucha importancia a la prevención. Los Doctores en Osteopatía están presentes en todas las especialidades de la Medicina.

Traumatólogos: Un traumatólogo es un médico que se especializa en los problemas de la musculatura esquelética de los huesos y las articulaciones. Si sospecha que su lesión puede ser estructural o que se trata de una fractura, debe ir a ver a un traumatólogo.

Podólogos: Un podólogo es un especialista del pie con formación médica (aunque no es un Doctor en Medicina). La mayoría de los podólogos se limitan a tratar las lesiones que se produzcan por debajo del tobillo. Además de utilizar tratamientos como, por ejemplo, los ultrasonidos, los podólogos también pueden recomendar el uso de correctores ortopédicos, que, por cierto, en ocasiones también pueden corregir problemas producidos por encima del tobillo.

Fisioterapeutas: Un fisioterapeuta es un profesional de la salud que suele trabajar conjuntamente con un médico. Su terapia debe ser recomendada por un médico. Los fisioterapeutas usan distintas técnicas para reducir la rigidez de las articulaciones y acrecentar la velocidad de la curación, además de enseñarle ejercicios terapéuticos a los pacientes.

Quiroprácticos: Los quiroprácticos titulados usan manipulaciones físicas y tracciones espinales para tratar las lesiones, provocadas sobre todo por un desequilibrio biomecánico.

Otros especialistas: Entre ellos, cabe destacar a los acupuntores y los terapeutas de masajes deportivos. De nuevo, lo que busca en un especialista es un diagnóstico y un posible tratamiento. Si un traumatólogo le recomienda la cirugía como tratamiento, deberá buscar siempre una segunda opinión. «La cirugía es algo que se hace como último recurso», dice el doctor Rodríguez. Admite que en ocasiones se hacen intervenciones quirúrgicas innecesarias. Obviamente, es importante encontrar un experto en medicina deportiva de su confianza o que le hayan recomendado. Además, como dice el doctor Rodríguez: «Debería ir a un médico que tenga experiencia con corredores».

En último término, la mejor arma del corredor contra las lesiones es el sentido común. Es de una importancia capital, en primer lugar, tomar las medidas pertinentes para evitar las lesiones. Además, debería esforzarse por corregir cualquier irregularidad biomecánica o de entrenamiento que haya podido desarrollar y ser prudente cuando tenga que enfrentarse a condiciones medioambientales adversas. Si se produce algún dolor mientras está corriendo, ¡escúchelo! Párese y deje de correr durante algún tiempo. Si realmente sufriera una lesión, deje inmediatamente de correr y permita que su lesión se cure encontrando una actividad alternativa que no la agrave. Si la lesión no responde al reposo (RHCE, en la mayoría de los casos), busque atención médica. Es una estrategia muy sencilla, pero puede aportar considerables beneficios, permitiéndole hacer lo que más le gusta: correr.

Mary Ann Stepic, la triatleta que preferiría arriesgarse a una incapacitación antes que dejar de correr, a través de ensayos y errores (y lesiones) ha aprendido a saber cuánta tensión puede soportar su cuerpo. «Centro mis entrenamientos en la prevención de las lesiones», afirma. «Siempre lo tengo en mente». Su rutina incluye estiramientos, entrenamiento combinado y no correr nunca de forma intensa dos días seguidos. Y me siento feliz de poder decir que, mientras este libro se imprime, ella todavía camina... ¡y corre!

6

CÓMO LOGRAR QUE SEA DIVERTIDO Y SEGURO AL MISMO TIEMPO

«He estado corriendo desde hace ahora 20 años», dice Mike Polansky, abogado y presidente de la asociación *Plainview-Old Bethpage Road Runners Club*, de Nueva York. «Y no creo que siguiera haciéndolo si hubiese corrido solo. Hay ocasiones en las que apetece correr solo, pero no todas».

Por no faltar a la verdad, conozco a mucha gente que durante años ha salido a correr sola. Si tiene un trabajo en el que pasa todo el día rodeado de gente (¡o si es un ama de casa rodeada de críos!), puede que quiera salir a correr únicamente para obtener algunos momentos de preciada soledad. De todas formas, yo estoy más de acuerdo con Polansky: la idea de la «soledad del corredor» no es verdadera. Aunque casi todo el mundo corre solo alguna vez, ya sea por elección o por necesidad, este deporte es esencialmente social. Creo que ésta es una de las razones por las que ha mantenido su enorme popularidad desde hace 20 años.

Durante muchos años corrí solo y aún lo hago a veces. Aunque disfruto plenamente de estas carreras solitarias, este deporte ha empezado a darme más placeres desde que empecé a compartirlo con otras personas. He aprendido mucho, he hecho muy buenos amigos y me he dado cuenta de que esos amigos son una excelente motivación. Tiene mucho que ver con el sentimiento de culpa.

Polansky lo explica. «A mediados de los setenta, solíamos quedar para salir a correr en grupo a las cinco de la mañana», dice. «Ahora bien, una cosa es levantarse a las cuatro y media cuando se está solo y otra muy diferente saber que hay unos amigos esperando. Cuando una persona queda para correr con alguien más, hay menos probabilidades de que se vuelva a la cama».

Y, ¿cómo encontrar un compañero para correr? Empiece por preguntar a su alrededor. Quizá haya algún vecino, amigo o compañero de trabajo al que le gustaría empezar a correr. O también podría preguntar en la tienda de artículos deportivos de su zona o en un gimnasio. Muchos de ellos tienen tablones de anuncios y ofrecen servicios de contactos entre corredores.

Una de las mejores cosas que puede hacer es unirse a clubes o asociaciones locales de corredores. Los fines de semana organizan de modo habitual entrenamientos en grupo, de diversas distancias y ritmos. Hay carreras medidas y señaladas en un mapa, de modo que los corredores puedan saber hasta dónde van a ir. Y, si le toca un grupo charlatán, se dará cuenta de que el tiempo vuela mientras habla de todo tipo de cosas, hasta de correr. «Un amigo mío y yo nos dedicamos a arreglar el mundo cuando salimos a correr», cuenta Polansky. «Hemos resuelto los problemas de Irlanda del Norte, Palestina y acabamos de terminar con Yugoslavia. En la carretera todo parece tan fácil...». También correr parece fácil, cuando se tiene a alguien con quien hacerlo.

CORRER SIN RIESGOS

Por causa de los distintos horarios y estilos de vida, inevitablemente todo el mundo acaba corriendo solo alguna vez. Y, aunque no es aconsejable hacerlo siempre así, también tiene sus ventajas para aclarar las ideas. Puede que Polansky y su amigo resuelvan los problemas del mundo cuando corren juntos, pero a menudo muchos corredores solitarios me han dicho que han resuelto los suyos propios.

No obstante, correr solo también puede ocasionar problemas, si no se tiene cuidado. Empecemos centrándonos en un tema potencialmente peligroso para los corredores: el tráfico. Por si no se ha dado cuenta, los vehículos motorizados son más poderosos y numerosos que usted y, además, tienen la prioridad. Así pues, para ayudar a que su próximo paseo (o incluso el primero) no sea también el último, recuerde estas precauciones de sentido común:

- Esté alerta mientras corre. Es difícil cuando hace un día precioso o está perdido en sus pensamientos, así que esté atento y mantenga los ojos abiertos, especialmente cuando se encuentre en una zona con tráfico. «Si es posible», sugiere Andrew Mulrain, corredor y policía de Nassau County (Nueva York), «asegúrese de tomar contacto visual con el conductor del vehículo que se esté acercando. Así podrá ver dónde está mirando y si ha reparado en usted».

- Respete las señales de tráfico. Pues sí, los corredores también están obligados a respetar las señales. Por lo tanto, recuerde las clases de la autoescuela: el verde significa que puede pasar, el rojo que debe pararse y el amarillo no quiere decir que debe aumentar la velocidad.
- Haga siempre el primer movimiento cuando un vehículo se acerque a usted. No espere que el coche se aparte y no trate de desafiar al conductor. Vuelvo a repetirlo: los coches son más grandes y más fuertes que usted, incluso aunque levante pesas.
- Lleve siempre ropa de colores vivos o elementos reflectantes por la mañana o por la noche, para que los conductores puedan verlo fácilmente. Como dije en el capítulo 1, un chaleco reflectante no cuesta mucho y es una inversión que podría salvarle la vida.
- Vaya por la acera siempre que pueda, pero, si tiene que correr en la carretera, hágalo de cara al tráfico. «De noche, es mucho más fácil ver los faros que las luces traseras», dice Mulrain. De día o de noche, correr de cara al tráfico le permite ver los coches que se acercan y le da a los conductores la oportunidad de verlo.
- Tenga cuidado con los coches que estén parados esperando poder hacer un giro. Párese y espere o, si no, vaya siempre detrás de ellos.
- Tenga cuidado con las entradas y las callejuelas con poca visibilidad. La gente que sale marcha atrás de una entrada o de un aparcamiento suele tener la costumbre de no mirar el tráfico (y mucho menos a los corredores) casi hasta que ha terminado de salir.
- En los cruces, use los pasos de peatones. «Es por ahí por donde deben ir los peatones», dice Mulrain. «Es donde el conductor espera encontrarlos».
- En las señales de stop, no pase por delante de los coches. Es más seguro pasar entre el primer y el segundo vehículo. Es más probable que el conductor del segundo coche lo vea, ya que el del primero está concentrado en el tráfico y no en usted.
- Si quiere escuchar música, vaya a un concierto. El sonido de la música en un *walkman* podría tapar el melodioso pitido de un coche acercándose por detrás de usted, así que no utilice los cascos. «Pierde uno de los cinco sentidos», advierte Mulrain.

«Y necesita todos y cada uno de ellos cuando está en la carretera».

Este consejo se aplica aún más al tema que vamos a tratar a continuación. Sería bonito pensar que la gente puede correr por cualquier sitio, sin miedo a recibir un ataque. Quizá tenga la suerte de vivir en un lugar en el que una persona (especialmente una mujer) puede correr sola sin preocuparse por su seguridad. Desgraciadamente, para la mayoría de nosotros, ése no es el caso. Aun así, puede tomar una serie de precauciones. «Una de las cosas más importantes es aprender a confiar en el instinto», afirma Lisa Gundling, de la *American Running and Fitness Association* (ARFA). «Si ha salido a correr y se siente incómodo en una zona, no dude en tomar otra dirección».

Gundling también cita un estudio del FBI sobre 41 violadores en serie, responsables de 837 ataques, en el que se muestra que la mayoría de las víctimas estaban solas y que las eligieron por estar en lugares vulnerables y no por su aspecto, sino por su accesibilidad. Basándose en este estudio y en otros similares, así como en el sentido común, ARFA y asociaciones de corredores como *New York Road Runners Club*, *Road Runners Club of America* y otras, han realizado una lista de trucos para la seguridad personal. Éstos son algunos:

- No corra solo de noche, especialmente en parques o zonas aisladas.
- No lleve joyas.
- Lleve algún documento de identificación o, por lo menos, escriba su nombre, teléfono y grupo sanguíneo en el interior de su zapatilla.
- Lleve un silbato o cualquier otro instrumento que sirva para emitir ruido.
- Una vez que se haya alejado de su vecindario y esté en la carretera, trate de cambiar de ruta. Cuando corra, vaya por el centro de la acera o (si el tráfico lo permite) de la calzada, lejos de callejuelas, edificios y coches aparcados.
- Corra por zonas que conozca. Aléjese de caminos rodeados de abundante vegetación o de grandes árboles. Evite las zonas aisladas o solitarias.

La inmensa mayoría de los corredores no se topa con problemas. De todos modos, no puede olvidar el hecho de que hay riesgos. Si sigue estos consejos, reducirá esos riesgos.

CORRER CON PERROS

Otra recomendación de ARFA para la seguridad personal es correr con un perro. Pero, como mencionan, «hay algo en los corredores y los perros que saca lo peor de ambos».

De hecho, puede que corra con un perro, pero es más probable que acabe corriendo para huir de uno. Para evitar que eso ocurra, intente no pasar muy deprisa al lado de ellos. Si ve delante de usted un perro absorto y que no parece haber notado su presencia, anúnciese mientras todavía está a una distancia prudencial. «"¿Eres un buen perro?", a una distancia de unos 15 metros, es una pregunta muy educada», afirma Trevor Smith en *Running and Fitness*. «Si la respuesta es un ladrido y un meneo de la cola, todo va bien». Si se encuentra con un perro que se hiergue, ladra o gruñe, probablemente esté tratando de proteger su territorio. No intente hacerse el simpático; en vez de eso, vaya por otro sitio.

Smith apunta que algunas razas con instinto cazador pueden intentar perseguir a un persona que salga corriendo. No tienen por qué ser necesariamente agresivos, añade. «Normalmente, perderán el interés si se los ignora». Desgraciadamente, el pastor alemán que me persiguió durante más de tres kilómetros por una carretera de Connecticut no habría perdido el interés por nada del mundo. El perro no era agresivo. Sólo parecía que quería compañía. Pero mientras estábamos pasando un cruce, empecé a preocuparme más por su seguridad que por la mía. Finalmente, me paré en una gasolinera y le pedí ayuda al encargado. Resultó que conocían al perro y se comprometieron a llevarlo a su casa. No esperé a conocer a su dueño, porque le habría dicho cuatro cosas.

Si tiene un perro, es muy probable que quiera correr con él. Mucha gente lo hace. Los perros son una buena compañía y también una buena protección. Pero recuerde: no todos los perros pueden aguantar corriendo lo mismo que usted.

«La forma física del animal, su edad, raza, peso y su respuesta a órdenes como "siéntate", "para", "no te muevas" y "no" son cuestiones que se deberían considerar antes de empezar a correr regularmente con el perro», afirma David M. Bebiak, director de nutrición animal e investigación de *Purina Pet Care Center* (centro de cuidado de animales domésticos de Purina). «El primer paso es ir a ver al veterinario para asegurarse de que el perro está sano y de que es capaz de soportar el entrenamiento». Una vez que el veterinario ha dado luz verde, aplique a su perro las mismas lecciones sobre cómo empezar un plan de entrenamiento que sigió usted mismo. Es decir, sea prudente y aumente el número de kilómetros de forma gradual. Bebiak recomienda que empiece caminando o corriendo durante cinco minutos tres veces por semana durante los dos primeros meses y que vaya aumentando la duración poco a poco. «Si su perro empieza a retrasarse detrás de usted mientras está corriendo, vaya más despacio o párese para dejar que descanse, porque está esforzándose demasiado».

No dé de comer al perro durante las cuatro horas anteriores a un entrenamiento duro ni durante la hora siguiente. También debería controlar su ingestión de agua. Esto no quiere decir que no debe darle de beber, pero debería proporcionarle el agua en pequeñas cantidades en vez de dejar que se sacie cuando aún está jadeando.

Éstos son otros trucos para correr con el mejor amigo del hombre:

- Independientemente de lo disciplinado que sea su perro, llévelo atado con una correa corta cuando corra. Si lo deja suelto, estará expuesto a los coches, a las bicicletas y a otros animales que no estén atados. Además, también puede asustar a otros corredores que no saben si su perro puede morderlos.
- Cuando haga calor, deje que su perro descanse. Puede correr durante menos tiempo o dejar al perro en casa. Recuerde que los perros también pueden sufrir golpes de calor. Pero no pueden decirle cuándo necesitan agua, sombra o descanso.
- Usted tiene zapatos para proteger y acolchar sus pies. Su perro no. Por lo tanto, tenga en cuenta el terreno por el que está corriendo: el cemento caliente puede quemar las almohadillas de los perros; las piedras o los terrenos irregulares pueden hacerles heridas. Asegúrese de lavar y secar las almohadillas de su perro después de salir a correr en invierno por aceras sobre las que se ha echado sal o productos químicos para eliminar el hielo. Pueden quemar o incluso envenenar a su perro si llega a chuparlas.

MOTIVARSE EN LAS FRÍAS NOCHES DE INVIERNO

Hace frío, está oscuro, tiene un dolor de cabeza por haber estado todo el día sentado delante del ordenador y llevando en coche a los niños a sus clases de piano o de tenis y su telenovela o su serie favorita está a punto de empezar. ¿Qué es lo último que le apetecería hacer en el mundo? Correr. ¿Qué es lo primero que debería hacer? Correr.

¿Cómo hacerlo? Es fácil: deje de pensar y póngase en marcha. «Nunca faltan las excusas para no hacer ejercicio, especialmente en invierno», afirma el especialista en psicología deportiva Jonathan Katz. «El truco es ponerse en marcha antes de darse la oportunidad de empezar a pensarlo. Empiece a cambiarse de ropa. Comience a estirar. Puede que no pare de quejarse cuando salga de casa, pero una vez que esté ahí fuera y entre en calor, se sentirá mucho mejor».

Puede ayudarse a motivarse recordando algunos de los efectos beneficiosos que tiene correr. «En invierno, si puede encontrar diez razones para no hacer ejercicio, acabará en la cama», dice Katz. «Pero es igual de fácil encontrar diez razones por las que debería salir a hacer ejercicio. Y entonces lo hará». Éstas son tres de esas razones. Se sentirá mejor. Tendrá mejor aspecto. Y podrá repetir un plato de pasta en la cena.

Si ya ha experimentado las ventajas del ejercicio, no las olvide. «Acuérdese de algún entrenamiento en el que se sintió extraordinariamente bien», aconseja Katz. Y, por supuesto, intente hacerlo divertido. Algunos especialistas en psicología deportiva aconsejan que se centre la atención en el rendimiento y no en objetivos ajenos al deporte. En otras palabras, dígase a usted mismo: «Voy a correr cinco kilómetros tres veces por semana». Tiene control sobre eso. No se diga: «Voy a caber dentro de este bañador antes del verano, aunque pierda la vida en intento». ¡Realmente podría perderla!

Ni siquiera se preocupe por objetivos a largo plazo. En lo más crudo del invierno, correr durante una media hora es suficiente. No se preocupe por la velocidad o por la distancia que recorre: corra y punto. Y no se invente excusas para no hacerlo. Para ayudarle a taparle la boca al haragán que todos llevamos dentro, aquí tiene algunas réplicas rápidas para cuando empiece a pensar de forma negativa:

«Afuera hace frío y está oscuro. Pásame el mando de la televisión». ¿No quiere correr fuera de noche? Pues corra dentro de casa o intente disfrutar del invierno. «Me encanta correr en las frías noches de invierno», dice Larry Davidson. «La frescura del aire, los distintos olores y las diversas vistas... Todo esto despierta los sentidos».

«Estoy demasiado deprimido. Pásame la caja de galletas». El ejercicio puede contribuir a aliviar las depresiones invernales. Y también ayuda a controlar el apetito, por no mencionar que es una excelente forma de quemar calorías para poder comer un poquito más de lo que lo haría de no haber salido a correr.

«Estoy demasiado cansado. Pásame una almohada». ¡Levántese! Correr durante media hora por el barrio le dará energías renovadas antes de la cena y le ayudará a dormir mejor cuando llegue el momento de irse a la cama.

A veces, cuando todo lo demás falla, sólo tiene que mantenerse firme. Cuando le pregunté a Mike Polansky, que lleva 20 años practicando este deporte, cómo llevaba lo de correr bajo la lluvia, se rió y me preguntó: «¿Qué lluvia?».

7

COMER PARA VIVIR

Corredores de todos los tipos se enfrentan a la pregunta: ¿Como para correr o corro para comer? Y todos ellos finalmente encuentran la misma respuesta: las dos cosas. Muy pronto se dará cuenta de lo difícil que resulta correr después de tomar comida basura y de que, cuando está alimentándose bien, parece que se deslice suavemente por la calle cuando sale a correr. Lo que viene a continuación no es un tratado completo sobre nutrición y deporte, porque eso serviría para otro libro entero. Más bien, se trata de fundamentos para vivir y correr bien.

QUÉ COMER

Una dieta equilibrada, como la que se recomienda en la pirámide de los alimentos que USDA elaboró en 1992 (la alternativa a los cuatro grupos de alimentos que se usaron como el principal modelo de comidas durante medio siglo) exige a todo el mundo un cambio. Pero se trata de un cambio muy importante, tanto si corre como si se dedica a desgastar el sofá. La salud de todos los habitantes de la casa mejorará si sigue estas nuevas directrices.

Mucha gente que se ha pasado a este tipo de dieta se asombra de las enormes cantidades de comida que puede ingerir. En la actualidad sabemos que los hidratos de carbono no engordan; las grasas, sí. Una montaña de pasta con salsa de tomate y mucha verdura o ensalada, realzada con un par de trozos de carne magra, puede ser una opípara comida.

No hace falta ser un esclavo de la cocina para comer bien. Mucha gente descubre que puede preparar comida el domingo por la tarde para comer bien durante el resto de la semana. Las revistas y los nuevos libros de cocina están llenos de recetas que cualquier persona puede preparar en muy poco tiempo. Y los chefs y restauradores le están prestando una gran atención a las directrices de la pirámide de los alimentos.

Hidratos de carbono

En la base de la pirámide, en la parte más ancha, está el grupo del pan, los cereales, el arroz y la pasta: los hidratos de carbono. Incluso las personas sedentarias necesitan hidratos de carbono, pero son todavía más importantes para las que están entrenando.

Ahora que ha empezado a correr regularmente, su cuerpo le pedirá nuevas fuentes de energía. Sus músculos necesitarán glucógeno, una sustancia química que se obtiene ingiriendo hidratos de carbono. El glucógeno se quema de forma rápida y eficaz y es el plato favorito de los músculos. Pero no pueden quemar sólo el glucógeno sin echar mano de las reservas de grasas acumuladas. Después de una hora de ejercicio intenso, el glucógeno que hay en su cuerpo se acabará y entonces los músculos consumirán principalmente grasas.

El problema es que los músculos no trabajan bien con una dieta alta en grasas. Usted se cansaría, se haría más lento y no se recuperaría tan rápido. Sus músculos quieren glucógeno y hay muchas formas deliciosas de conseguir que tanto su cuerpo como usted mismo queden satisfechos, con una gran ingestión diaria de hidratos de carbono. ¿Ha oído hablar de corredores de maratones que se atiborran de pasta el día antes de una carrera? Están haciendo una gran ingestión de hidratos de carbono, suministrando a sus músculos todo el glucógeno que van a necesitar. Un corredor normal y corriente no tiene que llegar a esos extremos, pero los carbohidratos deberían representar el 60% de su ingestión diaria de calorías.

El pan integral, la pasta, el arroz y los cereales son estupendos y también una fuente muy accesible de hidratos de carbono, fibra y vitaminas. Escoja los productos menos procesados y más sanos y compruebe su contenido en grasa. Y no vaya contra el objetivo de la ingestión de hidratos colmándolos de grasas. Sus músculos necesitan que les suministre los suficientes hidratos de carbono para seguir fuertes.

Si habla con otros corredores, descubrirá que el ansia de hidratos es común. Los verá comerse pilas de tortitas al desayuno. Fíjese alguna vez en la línea de meta de una maratón: verá que hay mesas llenas de bollos, manzanas, plátanos y zumos de frutas.

Grasas

Sus peores enemigos son las grasas, especialmente las de origen animal que se encuentran en alimentos como la mantequilla, el queso y las carnes grasas. Aunque, en el transcurso de entrenamientos largos, los músculos se alimentan de grasas, la mayoría de la gente tiene suficientes reservas de grasas y, además, son fáciles de obtener por medio de una dieta equilibrada.

En primer lugar, las grasas se queman en actividades poco intensas, como leer o dormir. «No es difícil quemar grasas. Lo hacemos todo el tiempo. Lo triste es que la gente con exceso de peso las quema peor que la que está en forma», se lamenta Covert Bailey en su best-seller *Fit or Fat*. Parece injusto, pero las personas que tienen más grasa la usan de forma menos eficaz; es un círculo vicioso que hace que la gente gorda lo sea más aún. La única solución, esté en forma o no, es ingerir menos grasas.

Nuestra ingestión de grasas no debería superar el 25% de las calorías diarias. Deberíamos evitar las grasas saturadas de origen animal, que contribuyen a las enfermedades del corazón, la hipertensión y el cáncer, y deberíamos limitarnos a las grasas insaturadas, como el aceite de oliva.

Las grasas del pescado constituyen una protección contra las enfermedades cardiacas, gracias a sus especiales propiedades químicas. Nancy Clark, experta en dietética y nutrición deportiva y corredora de maratones, aconseja comer pescado al menos dos o tres veces a la semana. Tenga cuidado con la forma de preparar el pescado: en vez de freírlo, tómelo hervido, cocido o a la plancha. El atún enlatado es una excelente fuente de proteínas, pero debería comprarlo al natural y no en aceite.

Agudice sus habilidades detectivescas para descubrir las grasas ocultas. Una patata asada es uno de los mejores alimentos que puede ingerir, pero se suele cubrir con mantequilla o alguna salsa. Un panecillo integral se convierte en un traidor en su lucha contra la grasa cuando lo unta con mantequilla. No se fíe de los reclamos de los envases de productos que aseguran ser bajos en calorías hasta no ver la letra pequeña de la etiqueta.

La industria alimentaria y los restaurantes avanzan cada día para satisfacer nuestros paladares reduciendo las grasas. Escoja con cuidado. Por ejemplo, puede encontrar excelentes helados de yogur bajos en calorías con tan sólo 4 gramos de grasa por porción para reemplazar a su helado favorito, que tiene 24 gramos por porción. Esto es una mejora significativa que hará sus entrenamientos diarios más agradables y beneficiosos.

Proteínas

Si sus músculos se quedan sin hidratos de carbono, las proteínas también pueden aportar algo de energía, pero su principal función es construir y reparar los músculos, los glóbulos rojos y el pelo, así como sintetizar las hormonas. Las proteínas deberían representar el 15% de las calorías diarias.

Antes, los planes de entrenamiento para desarrollar la fuerza recomendaban ingerir enormes cantidades de proteínas, pero éstas por sí solas no pueden hacer todo el trabajo. ¿Por qué no? Bueno, construir un músculo es similar a construir una casa, y las proteínas son como la madera. Amontonarla en el solar no le proporcionará un sitio donde vivir. El ejercicio es el equipo de carpintería, que trabaja con las materias primas para construir algo estable y duradero. Sin ejercicio, todo lo que obtiene es un montón de proteínas. Con él, construirá una estructura sólida con la que podrá contar cuando se enfrente al cansancio.

Tanto las carnes magras y de ave como el pescado contienen proteínas y son el complemento ideal de platos altos en hidratos de carbono, como la pasta o el arroz. Las judías, los guisantes y las lentejas también son ricos en proteínas y no tienen grasas de origen animal. Los huevos son otra excelente fuente de proteínas. Un par de vasos de leche o yogur desnatado, junto con 100 ó 200 gramos de carne, pescado, ave o legumbres, proporcionarán el aporte diario de proteínas necesario para un adulto activo.

En cuanto a la forma de preparar la carne o el pescado, busque carnes magras y quítele la piel a las aves. Después, prepárelas a la plancha, a la parrilla o cocidas, sin añadir aceites o grasas. Los adobos a base de zumo de limón o de naranja, vinagre, salsa de soja, ajo, cebollas, pimientos o especias suelen suavizar las carnes y realzar el sabor del pescado de forma natural.

En todo el mundo, las legumbres se toman como fuente primaria de proteínas. Añádale una lata de garbanzos o de judías a la salsa de tomate cuando haga pasta. Las lentejas también son fáciles de preparar y, como las judías pintas, están deliciosas con arroz.

Si no le apetece cocinar, Nancy Clark aboga por la mantequilla de cacahuete como una proteína que constituye un excelente aperitivo o una comida fácil untándola sobre una rebanada de pan integral. Ni siquiera hace falta cocinar para encontrar una fuente de proteínas adecuada. En cualquier supermercado o charcutería selecta se puede comprar un rosbif, una pechuga de pavo o atún. Y no necesita mucho: unos 100 gramos para cada comida serán suficientes.

Convirtiendo los alimentos ricos en proteínas en una parte importante, más que la base, de sus comidas, puede ahorrar dinero, sentirse mejor y evitar las grasas animales ocultas. Si sustituye el queso y los huevos por carnes rojas, tenga cuidado con los contenidos de grasas. Los vegetarianos deberían procurar compensar la falta de aminoácidos que aportan las proteínas de origen animal combinando proteínas vegetales incompletas para hacerlas completas. También deberían asegurarse de obtener los minerales que se encuentran principalmente en las carnes.

Frutas y verduras

Tres o cuatro porciones de fruta y la misma cantidad de verduras le aportarán vitaminas C y A, hidratos de carbono (sí, más aún) y fibra. Puede que no se lo crea, pero no hace falta que vaya por ahí con una cesta en la cabeza para obtener todas esas frutas y zumos. Si bebe un vaso de zumo de naranja y se toma un plátano para desayunar, irá por buen camino.

Los plátanos, los melones y los cítricos tienen una gran importancia en nutrición y están disponibles durante todo el año, como los pimientos verdes y el brécol. Cuando llegue la temporada de las bayas, las espinacas, los espárragos y otros productos frescos, tómelos y disfrute con la variedad.

No huya de las verduras congeladas y los frutos secos. Almacénelos en sus armarios o en su congelador para tener provisiones en épocas en las que no puede ir al supermercado. Guarde una bolsa de frutos secos en su mesa, coche o taquilla. Tome muchas ensaladas, con poca lechuga iceberg (de poco valor nutricional) y evitando las salsas, los trozos de bacon y los picatostes. En cambio, tome grandes cantidades de otros tipos de lechuga, espinacas y verduras crudas.

Productos lácteos

Sus huesos están vivos y necesita mantenerlos fuertes. Tanto los hombres como las mujeres sacan partido de los productos lácteos semidesnatados y desnatados, reduciendo el riesgo de fracturas y protegiéndose contra los calambres musculares y la tensión alta. La mejor forma de ingerir la dosis recomendada, de 800 a 1.500 miligramos, es tomar una ración de algún alimento rico en calcio con cada comida. Además del calcio, la vitamina D de la leche es esencial para que los huesos estén sanos.

Hoy en día, puede disfrutar de los beneficios de la leche sin las grasas que contiene. En el mundo de los productos lácteos, la leche y los yogures desnatados son como los delgados corredores de maratones, mientras que la leche entera y los yogures normales son los luchadores de sumo. Un vaso de leche desnatada contiene 300 miligramos de calcio y casi cualquier persona puede aprender a disfrutarla. De hecho, una vez que se acostumbre a beber leche desnatada, la entera le parecerá demasiado pesada. La leche con un 2% de grasa presenta un porcentaje engañoso (¡parece tan pequeño!) y no representa un gran avance en cuanto a las grasas, ya que la entera contiene tan sólo un 3% o 4%. Esto equivale aproximadamente a dos porciones de mantequilla flotando en su vaso de leche.

Un yogur desnatado aporta 315 miligramos de calcio y constituye una base deliciosa para postres a base de fruta. Si le parece demasiado amargo, añada un poco de miel o de jarabe de arce. Cada vez se puede encontrar una mayor variedad de quesos descremados. Si los pone en una base de pizza y añade verduras para aportar proteínas y calcio, obtendrá una comida completa.

Si padece intolerancia a la lactosa o no le gustan los productos lácteos, coma más verduras para aumentar su ingestión de calcio. La leche de soja y las distintas variedades de tofu procesado con sulfato de calcio también son una excelente fuente de este elemento, así como el salmón y las sardinas en lata.

El helado tiene un alto contenido en grasas. Existen excelentes helados de yogur, bajos en grasas, elaborados por las mismas empresas que introdujeron en EE.UU. el helado. Son deliciosos y la diferencia en el contenido de grasas es asombrosa.

En su libro *Sports Nutrition Guidebook*, Nancy Clark ataca algunos de los tópicos más frecuentes sobre la leche. No deja la boca seca; son el nerviosismo y la ansiedad los que lo hacen. No provoca retortijones, a menos que se padezca intolerancia a la lactosa, pero, en cambio, la falta de leche sí puede provocar calambres musculares. Por último, beber grandes cantidades de leche no hace que los huesos rotos se curen antes.

Claves para una alimentación sana

Los expertos en nutrición están de acuerdo en que combinar de forma equilibrada los alimentos de los distintos grupos de la pirámide es beneficioso para todo el mundo. Por ejemplo, tómese un bol de cereales con leche y plátano para desayunar; para comer, coma un bocadillo de pechuga de pavo con pan integral, una naranja y un yogur desnatado; para cenar, regálese con una pizza de base gruesa con salsa de tomate y queso. No son cantidades desdeñables de comida.

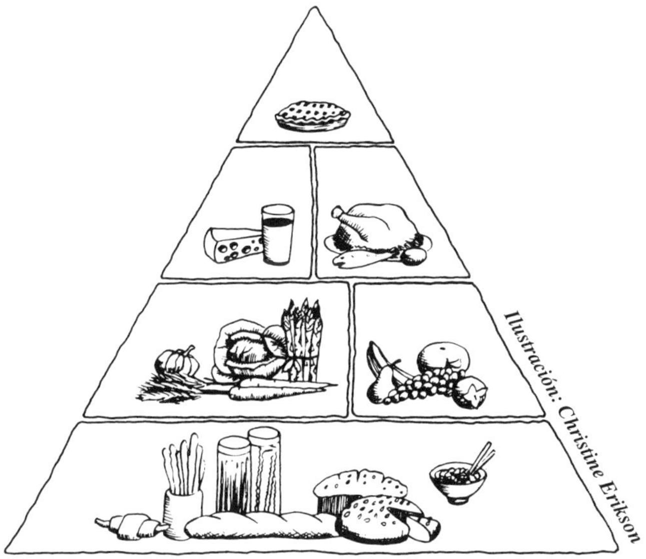

La pirámide de los alimentos de USDA para 1992.

Tanto si escoge alimentos ricos en hidratos de carbono como si pertenecen a otros niveles de la pirámide, su cuerpo sacará especial provecho de lo que Nancy Clark llama las tres claves de la alimentación sana: ha de ser variada, moderada y saludable.

La variedad le da la certeza de que está obteniendo un amplio espectro de nutrientes exclusivos de cada alimento. Comer una sola clase de comida que encuentra aceptable acabará por resultar aburrido. La moderación quiere decir que ocasionalmente puede pasarse con el bacon y los fritos en el desayuno, siempre y cuando a la hora de la comida tome alimentos bajos en grasas. Y en cuanto a que la comida ha de ser saludable, es una cuestión de escoger alimentos naturales o no muy procesados. Esto quiere decir que es preferible tomar una manzana en vez de un zumo de manzana, una patata asada en vez de patatas fritas y pan integral en lugar del blanco. Las etiquetas que aseguran que el alimento es «todo natural» no siempre garantizan que sea saludable.

Advertencia: Dejar de tomar sus comidas favoritas puede acabar haciendo que se sienta culpable y vuelva a sus antiguos hábitos. Permítase alguna golosina de vez en cuando. No hay nada malo en una pequeña recompensa. En realidad, ¡puede ser un incentivo para correr sus primeros ocho kilómetros! Si consulta alguna de las recetas de las revistas y los libros de cocina, cada vez más abundantes, que transforman las antiguas recetas ricas en grasa en platos sanos, comprobará que también puede prepararse y comerse un pastel de vez en cuando.

Si tiene algún problema de sobrepeso, sírvase de la pirámide y empiece a correr. De este modo, reducirá su ingestión de grasas a la vez que quemará calorías, una combinación que le ayudará a quitarse esos kilos de más.

Para correr, debe empezar por andar. Uno de los paseos más importantes que debe dar es por el supermercado. Elegir los alimentos que sustentarán su activo estilo de vida puede ser una experiencia nueva para usted. Tómese más tiempo que de costumbre. Lea las etiquetas cuidadosamente para detectar las grasas ocultas. Escoja la versión baja en calorías de todos los alimentos. Si su sabor es decepcionante, elija otra cosa la próxima vez.

Complementos

Correr no incrementa sus necesidades de vitaminas y minerales. Es probable, no obstante, que consuma mayores cantidades de estos elementos debido a un aumento del apetito. Una dieta equilibrada le proporcionará las vitaminas y los minerales que necesita. Si es alérgico a un alimento importante, puede que necesite tomar algún complemento de vitaminas cada día. En caso contrario, a no ser que considere que corre algún riesgo de deficiencias nutricionales, los complementos son innecesarios.

Tampoco es necesario incrementar el consumo de sal, incluso aunque transpire abundantemente. Las tabletas de sal que los entrenadores de fútbol americano daban a los jugadores han pasado a formar parte de las prácticas médicas obsoletas, como las sangrías y la utilización de las sanguijuelas con fines curativos. La mayoría de los estadounidenses consumen tres veces más sal de la que necesitan. Si usted es como la mayoría de la gente, probablemente sacaría provecho de una reducción de su consumo de sal.

Líquidos

Para un corredor, es esencial lo que bebe. El efecto principal que correr produce sobre el cuerpo es la necesidad de líquidos. Cuando no se bebe la suficiente cantidad de líquido, se reduce la efectividad de la sangre para transportar glucosa a los músculos y deshacerse de los desechos metabólicos y sus derivados. Una hidratación insuficiente también mermará su capacidad para sudar y disipar el calor corporal.

Beber la suficiente cantidad de líquido es fácil y barato. Olvídese de las advertencias de que beber demasiada agua puede producir calambres. En la actualidad, los expertos coinciden en que se debe beber tanta agua como se quiera antes, durante y después del ejercicio, especialmente cuando hace calor. Cualquiera puede probar los buenos resultados de la ingestión de agua.

Preste atención a la cantidad y el color de su orina para comprobar si está reemplazando los líquidos que pierde. La orina clara y abundante indica un equilibrio normal de agua. La orina oscura y poco abundante indica que es necesario beber más líquido.

Si está cansado y remolón todo el tiempo y padece frecuentes dolores de cabeza, puede que sufra deshidratación crónica. No obstante, es más probable que este problema afecte a atletas que entrenen intensamente durante épocas calurosas.

La sed no es un buen indicador de la necesidad de líquido. Le dará ganas de beber, pero para colmar la sed hace falta mucho menos líquido que para satisfacer las necesidades físicas del cuerpo. Sacie su sed y después beba un poco más.

Beba entre 23 y 45 cl de agua de 5 a 15 minutos antes de correr. Esto le proporcionará el aporte suficiente de líquido para la duración de su entrenamiento diario. Cuando empiece a superar los ocho o diez kilómetros (o si corre en condiciones meteorológicas extremadamente calurosas o húmedas), debería llevar agua mientras entrena. Puede que haya oído que todos debemos beber ocho vasos de agua al día. Los corredores y otras personas que realizan actividades físicas deberían beber más. Si orina con frecuencia, es probable que esté bebiendo lo suficiente.

El agua es la bebida ideal para la deshidratación. Las bebidas deportivas y los zumos de frutas pueden romper la monotonía y aliviar su sed, pero es absurdo tomar algo dulce antes de correr. Si se toma menos de una hora antes de hacer ejercicio, el azúcar de los refrescos e incluso de los zumos le proporciona a los músculos una pequeña reserva de energía, pero también hace saltar la alarma para provocar una mayor secreción de insulina que expulse el azúcar. La combinación del aumento de insulina con el ejercicio puede provocar una reacción hipoglucémica. Cuando adquiera más experiencia o si se decide a participar en carreras o maratones, podrá probar bebidas sustitutorias. Hasta entonces, limítese al agua. El agua corriente puede acabar por resultar aburrida, así que pruebe a diluir zumo de frutas o añádale una rodaja de limón o de lima.

Mantener un nivel alto de hidratación puede resultar complicado al principio, pero en cuanto adquiera el hábito de correr, se convertirá en algo natural.

Cafeína y alcohol

La cafeína tiene un efecto deshidratante. Por el contrario, el uso moderado de la cafeína o del té (una o dos tazas al día) parece ser seguro para todos, excepto aquellos que padezcan úlceras o anemia y para las mujeres embarazadas o las madres lactantes. A algunos corredores les gusta la suave estimulación que les proporciona una cantidad pequeña de cafeína, pero el café y el té no son sustitutos del agua.

La cerveza es la bebida favorita entre los corredores, a pesar de ser malísima para los deportistas. Desde que Jim Fixx nos enseñaba los perjuicios de la cerveza en su libro *The Complete Book of Running*, la ciencia ha mejorado nuestros conocimientos sobre ella.

En el tiempo que ha pasado desde que se publicó el libro de Fixx, la actitud hacia la cerveza y los entrenamientos ha cambiado. Es cierto que la cerveza contiene agua e hidratos de carbono, pero el alcohol deshidrata, provocando que, cuando se toma después de correr, contribuya más a perder valiosos líquidos que a reponerlos. Olvídese de los hidratos de carbono de la cerveza. La mayoría de las calorías provienen del alcohol y no de los hidratos de carbono (100 de cada 150 en la normal y un porcentaje aún más alto en la cerveza *light*). Y las calorías del alcohol no se convierten en glucógeno.

Los amantes de la cerveza con un poco de sentido común suelen calmar su sed con varios vasos de agua después de correr, para disfrutar un poco más tarde de una cerveza o dos. Otras bebidas alcohólicas son igualmente insignificantes en cuanto a valor nutricional.

CUÁNDO COMER

«Cuando se tiene demasiada hambre, no importa lo que se come», advierte Nancy Clark, sugiriendo que cuándo se come es tan importante como qué se come. Clark aconseja a los corredores que «alimenten bien al cuerpo durante el día. Así tendrá más energía. Y si está preocupado por su peso, coma menos por la noche».

Los estadounidenses enfocan la cena como la principal comida del día. Los expertos en nutrición han señalado reiteradamente los efectos negativos de esta tradición. Pocos considerarían un bollo y una taza de café una cena en condiciones, pero sería más aconsejable comer eso de cena que al desayuno.

Un buen desayuno alimenta bien al cuerpo para los rigores del día. Si, además, hace una comida muy nutritiva, se preparará para correr más tarde o se recuperará estupendamente de haber entrenado por la mañana. La cena es una buena oportunidad para relajarse con la familia y satisfacer las necesidades nutricionales, pero, afrontémoslo, después se irá a la cama.

La cena no es la comida más importante del día, así que, ¿por qué preocuparse por perder el apetito por picar antes de la cena? Hay aperitivos muy nutritivos que puede tomar con frecuencia para contribuir a satisfacer las demandas de la pirámide de USDA y evitar llegar a la cena demasiado hambriento. No es obligatorio hacer tres comidas al día.

Comer antes y después de correr

Cuando corre, quiere estar cómodo. Esto significa que quiere correr con el estómago tranquilo y lleno. También quiere evitar el cansancio y la desorientación que provoca el descenso de azúcar en sangre (hipoglucemia). Y, además, debería haber digerido la suficiente cantidad de comida para proporcionar glucógeno a los músculos. Encontrar la combinación adecuada de alimentos para estar cómodo al correr puede llevarle algún tiempo y experimentación. A este respecto, todos somos diferentes. Pero hay algunas reglas que pueden aplicarse a la inmensa mayoría de los corredores.

Sabemos que los aperitivos ligeros pueden digerirse en una hora, mientras que las comidas copiosas necesitan tres o cuatro horas para completar la digestión. También sabemos que los dulces pueden constituir una reserva a corto plazo, pero que exponen al corredor al peligro de una reacción hipoglucémica. El estómago debe trabajar más tiempo para digerir comidas grasas, haciendo que se canse y se desgaste. ¿Qué es lo que queda? Las féculas y las proteínas ligeras.

Es probable que un par de vasos de agua y un puñado de galletas integrales le basten para su entrenamiento diario. Si no se siente bien, evite las galletas la próxima vez. Una vez que haya encontrado el aperitivo adecuado o la hora del día en que se siente preparado para correr, aprenderá a conocer cada vez mejor sus niveles de energía y cómo ajustarlos. Mantener una dieta equilibrada le proporcionará una alta ingestión de hidratos de carbono y un aporte suficiente de glucógeno para que sus músculos sigan trabajando bien.

Los atletas se refieren al periodo que viene después de correr como a la recuperación. Puede parecer un poco exagerado, pero es el momento de reponer gran parte de lo que su cuerpo ha empleado en llevarlo a casa. Ha perdido líquidos, ha quemado hidratos de carbono y ha consumido minerales (electrolitos), como el sodio o el potasio. El agua repondrá los líquidos. Los zumos y las frutas con un alto contenido de agua, como la sandía o las uvas, proporcionan las tres cosas: agua, hidratos de carbono y electrolitos. Las bebidas deportivas contienen agua e hidratos de carbono pero no muchos electrolitos.

Independientemente de lo que beba, no hay nada mejor que la comida saludable para volver a proporcionarle los nutrientes que ha perdido. Una vez más, consuma hidratos de carbono (un bol de cereales con un puñado de pasas o un vaso de zumo de naranja con una magdalena, por ejemplo). Reponga el potasio que puede haber perdido comiendo un plátano, pasas, un yogur o una patata, o bebiendo un vaso de zumo de naranja. Todos estos alimentos corrientes reemplazarán sus pérdidas, preparándolo para correr al día siguiente.

Una de las ventajas de seguir una dieta equilibrada es que come la misma cantidad de alimentos tanto si está entrenando como si está corriendo. Puede que tenga más apetito si está siguiendo un plan de entrenamiento, pero los alimentos son los mismos. Cambiar sus hábitos para incluir una alimentación sana y correr le parecerá cada día más fácil y natural.

8

CONSIDERACIONES ESPECIALES, EDADES ESPECIALES

Correr es una democracia. Si va a cualquier pista, parque o carretera, verá en acción a todo tipo de personas: niños y ciudadanos de la tercera edad, gente alta y baja, delgada y corpulenta, rica y pobre, hombres y mujeres, profesores de universidad y obreros de una fábrica... todos corriendo. Algunos, como las excepcionales personas de la asociación *Achilles Track Club*, han superado graves enfermedades e incapacidades. Otros han empezado a correr para ayudarse a superar un trauma emocional. Algunos están más delgados y son más rápidos y capaces de transportar mejor el oxígeno. Algunos nunca irán más rápido de lo que va mi amigo Stan Kramberg, que, a la edad de 60 y después de 15 años corriendo, todavía va con una sonrisa, a pesar de que probablemente nunca será capaz de correr un kilómetro en menos de 15 minutos. Algunos, como usted, corren para estar sanos y en forma. Otros son profesionales, que corren para mejorar una marca o una distancia personales. Pero a pesar de todas esas diferencias, comparten algo muy importante: son corredores. Y usted también puede serlo. Y a estas alturas, si ha seguido el plan de entrenamiento, está en buen camino.

Para la mayoría de nosotros, la transición de individuo sedentario a corredor es algo que puede hacerse, como se comenta en capítulos anteriores, sólo con la aprobación de un médico, una par de zapatillas decentes y una buena dosis de sentido común y determinación. Pero hay grupos que necesitan tomar especiales precauciones cuando empiezan a correr. Este capítulo trata de sus particulares necesidades y consideraciones.

MUJERES

Para las mujeres, la cuestión de cuándo correr tiene otra dimensión. Hay muchos tópicos sobre correr y la menstruación. La verdad es que se trata fundamentalmente de una decisión personal.

«Algunas mujeres no quieren o no pueden correr cuando tienen el periodo», afirma Patty Colyle, una de las mejores corredoras profesionales de la zona de Nueva York y entrenadora de campo a través de Hofstra University. «Mi opinión (y la de muchas mujeres) es que [correr durante la menstruación] en realidad ayuda. Da más energías y sirve para perder un poco del exceso de agua. Definitivamente, me hace sentirme mejor».

Si usted es una mujer y está comenzando un plan de entrenamiento, puede que descubra que correr durante la menstruación también la ayuda.

¿Pueden correr las mujeres embarazadas? Ésta es la pregunta que se formulaba en un artículo de la revista *American Health* en enero de 1993. Trataba de un estudio realizado en el *Pennsylvania State University College of Medicine*, en el que los investigadores comparaban los embarazos de 15 corredoras veteranas con los de 35 mujeres sedentarias. Las primeras, que habían estado entrenándose al menos tres veces por semana durante 30 minutos, no ganaban tanto peso como las futuras mamás sedentarias, pero sí desarrollaban la grasa necesaria para nutrir al feto. El estudio siguió la trayectoria de las mujeres y sus recién nacidos y comprobó que los bebés de las corredoras eran una media de 220 gramos más delgados que los otros. La diferencia en el peso no era suficiente para exponer a los bebés a ningún riesgo, de acuerdo con los autores del estudio, y hacía que el parto fuera más fácil.

Esto apunta a que las antiguas directrices sobre el ejercicio físico para las mujeres embarazadas (duración de menos de 15 minutos, intensidad de menos de 140 pulsaciones por minuto) pueden ser excesivamente prudentes, especialmente para las mujeres que ya han empezado un plan de entrenamiento. En respuesta a una pregunta que una lectora le formuló en el número de junio de 1992 de la revista *Runner's World*, la Doctora en Medicina Mona Shangold hizo una serie de recomendaciones: «Le aconsejo que siga corriendo a una velocidad que le resulte confortable, aminorando o incluso parándose si empieza a tener calambres, a perder el aliento o a sentirse mareada», le aconsejó Shangold, autora del libro *The Complete Sports Medicine Book for Women*. Debería evitarse cualquier esfuerzo para aumentar la velocidad o la distancia.

Además, los entrenamientos deberían limitarse a un máximo de media hora, después de la cual la temperatura interior del cuerpo tiende a subir.

A pesar de las limitaciones, hay muchos motivos por los que una mujer debería correr o hacer ejercicio durante el embarazo o, por lo menos, hasta el tercer trimestre. Como demostraba el estudio mencionado anteriormente, correr puede ayudar a controlar el peso. También puede reducir las tensiones, mejorar el sueño y aumentar los niveles de energía. No obstante, recuerde que estos resultados se basan en su mayor parte en mujeres que ya estaban en forma antes de quedarse embarazadas. Si usted está embarazada y está pensando en empezar un plan de entrenamiento, consúltelo con su tocólogo o ginecólogo.

NIÑOS

Uno de los acontecimientos más memorables a los que he asistido como periodista fue el llamado «Día del dinosaurio». La idea, desarrollada por un empresario local y profesor de educación especial llamado Ralph Epifanio, era organizar una carrera en la que los padres y los niños pudieran participar juntos. Epifanio sabía que la única forma de conseguir que los niños hagan algo es hacerlo divertido y darles una pequeña recompensa por su esfuerzo, y eso es precisamente lo que hizo. Nunca olvidaré la escena: unos 500 niños, algunos de los cuales apenas sabían andar, con morros de estegosaurus en la nariz y alas de pterodáctilos en la espalda, corriendo sin orden ni concierto por un campo hasta llegar a un tiranosaurus rex inflable de casi dos metros. Todos los niños recibían una pelota, lo que, para Epifanio, era la clave. «Aquí lo importante es participar», dijo. «Cada niño recibe un premio. No queremos que los niños se maten los unos a los otros».

Al contrario. Queremos que los niños apaguen la televisión o la videoconsola de vez en cuando y que descubran las ventajas del ejercicio. Y correr es una de las mejores formas de hacerlo. «Creo que es estupendo para los niños», dice Reuben Reiman, escritor y pediatra en Nueva York. «Es una actividad que puede realizarse durante todo el año. No requiere la compra de un equipo muy caro. Pueden hacerlo donde quieran y no es necesario reunir un equipo completo. Y pueden hacerlo según su propio nivel de habilidad, sin tener que competir con nadie más que con ellos mismos».

Por supuesto, También hay que tomar algunas precauciones. En 1991, el comité de medicina deportiva de la *American Academy of Pediatrics* (academia americana de pediatría) recomendó correr, pero advirtió de los riesgos relacionados con este deporte, como lesiones provocadas por entrenamientos excesivos o posibles retrasos de la primera regla de las niñas. También señalaban que los niños pueden tardar más que los adultos en adaptarse a las condiciones meteorológicas húmedas o cálidas.

Lo que esto quiere decir es que los padres deberían aplicar el sentido común cuando los niños corran. Es decir, los niños deberían beber mucho líquido en épocas calurosas. También deberían escuchar a sus cuerpos como lo hacemos nosotros: si notan dolores o se quedan sin aliento, deberían ir más despacio. Y, si un dolor o un problema persiste o es poco habitual, el pequeño se merece una revisión médica. Pero, como señala Reiman, hay muy pocas posibilidades de que el niño tenga algún problema del corazón congénito que aún no haya sido detectado y por el que no se le pueda dejar correr.

Algo más común es el asma provocada por el ejercicio físico que, en ocasiones, puede descubrirse sólo cuando el niño haya empezado a hacer deporte. De todas formas, como señala Reiman, las ideas sobre esto han cambiado. «Hace años, se obligaba a los niños asmáticos a ser sedentarios», afirma. «Ahora se cree que deben hacer ejercicio y correr. Cuando han llegado a su límite, deben parase y después volver a empezar». Los niños con asma no sólo pueden correr, sino que la experiencia ha demostrado que pueden mejorar su resistencia.

Un desafío para los padres es la motivación. Correr requiere algo de esfuerzo y, al principio, algunas molestias. Así pues, ¿cómo conseguir que lo hagan? Bueno, puede probar a darles ejemplo. Si está empezando a correr, puede ser la ocasión perfecta para hacer que sus hijos se involucren en ello. Se sentirán bien y tendrán mejor aspecto si participan. Otra forma de hacer que se motiven es decirles que así mcjorarán en otros deportes. «Esto es algo que un niño que no sea muy buen deportista puede hacer solo, sin que nadie lo mire», afirma Reiman. «Así no se siente avergonzado y puede usar su propia *arma secreta* para mejorar su resistencia y velocidad, lo que será de gran ayuda para otros deportes».

Lo que los padres deben evitar es que el niño crea que si no sufre no mejorará y que tiene que ganar cueste lo que cueste, lo que a veces se conoce con el nombre de «síndrome de la pequeña liga». Este problema también existe cuando empiezan a competir; los padres obligan a los más jóvenes, especialmente a los que tienen un talento especial, a correr cada vez más y más rápido. «Un padre que obliga a su hijo a participar en una maratón no conseguirá nada, excepto quizá que el niño se amargue y se vuelva contra el deporte», dice Reiman.

En vez de eso, intente que su hijo participe con otros niños. Cada vez más organizadores de carreras incluyen como parte de ellas unas especiales para los niños. Anime a su hijo a que participe en ellas con usted. Y asegúrese de que lo hace con el mismo espíritu con que lo haría un adulto. Haga lo que pueda, diviértase y siéntase orgulloso de cruzar la línea de meta, sin preocuparse por el lugar en el que lo hace.

PERSONAS MAYORES

El «Día del dinosaurio» provocó risas, pero el doctor Paul Spangler inspira respeto. Como Max Popper, está redefiniendo el concepto del envejecimiento. Las investigaciones están empezando a demostrar que gran parte de lo que hasta ahora hemos considerado el proceso de envejecimiento es en realidad únicamente el resultado de la falta de ejercicio, y Spangler es la primera prueba de ello.

Veamos su historia de forma retrospectiva. Cuando Paul Spangler nació, William McKinley era presidente de los Estados Unidos, y acababa de terminar la guerra de Cuba. El 7 de diciembre de 1941 era el jefe en funciones de cirugía del hospital naval estadounidense en Pearl Harbor. El 5 de noviembre de 1989, cuando lo conocí, estaba a punto de participar en la maratón de Nueva York. Por entonces «tan sólo» tenía 90 años. Mientras escribo estas líneas, cuatro años después, todavía sigue corriendo y compitiendo.

Como Doctor en Medicina, Spangler sabe lo mucho que correr ha hecho por él y puede hacer por otras personas mayores. «Sin ninguna duda ahora estaría sordo si no hubiera permanecido activo durante los últimos 15 años», afirma Spangler. «Ha aumentado en gran medida mi calidad de vida. No lo dejaría por nada». Y le gustaría que otras personas mayores siguieran su ejemplo. «La calidad de vida es muchísimo más alta», afirma. «Una vez que se ha experimentado la alegría de vivir que proporciona una buena forma física, es imposible dejarlo. Mi meta es seguir corriendo hasta que tenga 100 años». Va por buen camino para conseguirlo. Y si él puede hacerlo, también usted (que probablemente nació después de que empezara el siglo).

«Mi experiencia con mayores durante los últimos años me ha demostrado que la mayoría de ellos puede hacer mucho más de lo que cree», afirma Ellen Coven, especialista en forma física de los mayores. La especialidad de Ellen son los ejercicios aeróbicos para mayores, pero sus consejos también se aplican a cualquier persona mayor que vaya a empezar a correr.

Éstos son algunos trucos para ayudar a los mayores a empezar a emprender su camino hacia una vida sana y un buen estado físico:

- Consulte la opinión de su médico. Esto es especialmente importante para los mayores no sólo porque su estado de salud puede exigir un control y restricciones especiales, sino también porque el médico podrá disipar todos sus temores. «Casi toda la gente que viene a mis clases me dice: "Mi médico me ha dicho que debo hacer ejercicio"», relata Coven. «Por lo tanto, parece que cada vez más médicos están animando a sus pacientes a que practiquen deporte».

- No se vista para impresionar. Este consejo se aplica tanto para los mayores como para la gente con problemas de peso que se siente acomplejada por su aspecto. «En la mayoría de las clases de ejercicio para mayores, no se ven mayas o leotardos a la última moda», dice Coven. «Lo más importante es estar cómodos y frescos». Este consejo se aplica especialmente a los mayores que empiezan a correr, porque su temperatura corporal puede cambiar más rápido que la de los jóvenes. Una cosa que siempre debería llevar con usted es un documento de identificación y una pulsera con sus datos médicos, por si acaso. «Lo más probable es que no lo necesite», afirma Coven. «Pero es mejor prevenir que curar».

- Empiece despacio, muy despacio. Hal Higdon, un prolífico escritor y corredor, autor del libro *Masters Running Guide*, escribe a menudo sobre corredores de más de 40 años. En su libro, ofrece estas pistas para el entrenamiento de un principiante. Entrene sin hacer mucho esfuerzo durante 15 minutos. Debe sudar, pero no en exceso. «Especialmente durante las primeras semanas, evite caer en la tentación de medir hasta dónde ha llegado o a qué velocidad lo ha hecho», escribe.

- No corra solo. Las pistas que hay en mi barrio están llenas de gente mayor que corre o camina acompañada. El mismo consejo del capítulo 6 se aplica a los mayores: correr con un amigo es más divertido.

- Por último, en palabras de Higdon, «olvide el pasado». Tiene razón: olvídese de lo que podía o no podía hacer en la época del instituto. Asimismo, olvídese de la forma de entrenar que tenía entonces. Aunque no todas las ideas sobre los planes de entrenamiento de hace unas décadas estaban equivocadas, la ciencia deportiva ha avanzado mucho en los últimos 25 años. Siga los consejos de su médico, lea artículos de revistas y libros como éste y trabaje de forma progresiva hasta que sea capaz de darle una paliza al doctor Spangler.

ENFERMEDADES GRAVES

Nunca olvidaré la noche en que Fred Lebow, organizador de la maratón de Nueva York, me confundió con otro en una entrega de premios. Tenía una mirada glacial y todo el mundo en la mesa pensó que le pasaba algo a Fred, presidente de la asociación *New York Road Runners Club* y una de las figuras más importantes de este deporte en EE.UU.

Sí, le pasaba algo. Poco después, se le diagnóstico un linfoma cerebral. Había tan pocas esperanzas que me pidieron que escribiera una nota necrológica, por si acaso.

Sí, escribí sobre Fred. Pero, afortunadamente, fue en otro contexto, dos años más tarde, cuando participó en la maratón de Nueva York de 1992. Acompañado por Grete Waitz, que la había ganado nueve veces, algunos amigos y alguna gente corriente, Fred corrió la totalidad del recorrido, de más de 40 kilómetros. Lo hizo con el fin de contribuir a la recaudación de fondos para la lucha contra el cáncer y de servir de inspiración para otras personas que padecen esta enfermedad. Acabó conmoviendo a toda la ciudad. Las muestras de afecto y apoyo que recibió a lo largo del recorrido fueron destacables. Fred terminó la carrera en cinco horas y 32 minutos y le demostró al mundo lo que es posible hacer si se pone la mente (y los pies) en el empeño.

Correr hace muchas cosas buenas por usted, pero, por supuesto no cura el cáncer. No obstante, en un reciente estudio de los miembros del *American College for Sports Medicine* (publicado en el libro de Robert Brody *Edge Against Cancer* —WRS Publishing, 1993—), se concluía que los deportistas tienen una ventaja psicológica con respecto al resto de la gente en la batalla contra el cáncer. Y la mayoría de los médicos le dirán que, en casi cualquier tipo de enfermedad o lesión, un individuo en buena forma física tiene más posibilidades de recuperarse que una persona sedentaria.

A propósito, uno de los deportistas que se mencionaban en el libro es Fred Lebow que, mientras escribo estas líneas, corre con regularidad y se siente muy bien.

9

IR MÁS ALLÁ

Hay un motivo por el que no titulé este libro *Manual práctico del footing*. Es porque no es lo mismo correr que hacer *footing*, aunque hay algunas discrepancias sobre cuál es exactamente la diferencia. Hay quienes dicen que es una cuestión de velocidad: se hace *footing* despacio, se corre deprisa. Otros afirman que es una cuestión de experiencia: los que hacen *footing* son principiantes, los corredores tienen más experiencia. Otros, como el difunto George Sheenan, opinan que la diferencia es aún más sencilla. «Creo que la diferencia está en competir», afirmaba el doctor Sheenan, cardiólogo y respetado escritor sobre atletismo y forma física. «Una vez que una persona ha competido en una carrera, cambia para siempre».

Por supuesto, es posible empezar a correr y no llegar nunca a competir. Pero, llegado un determinado momento, la mayoría de los corredores se deciden a participar en una carrera. Como dijo Sheenan, el *footing* es el medio para lograr un objetivo, que puede ser perder peso, mejorar su aspecto, bajar los niveles de colesterol o, simplemente, poder meterse en esos pantalones que llevó en su luna de miel. Depende de la fuerza de voluntad, del deseo de adquirir los hábitos y las costumbres que se esbozan en este libro. Pero una vez que se ha probado a competir, contra otros y contra uno mismo, todo eso cambia. «En vez de un deseo, se convierte en una necesidad», dijo Sheenan. «Se empieza a querer hacerlo mejor. No es una cuestión de hacerlo mejor que otros. Se han establecido unos criterios propios que se quiere superar».

Esto implica trabajo, compromiso, pasión y, a veces, algo que se experimenta cuando se empieza a correr: dolor. «Es lo que los griegos llamaban *agon*», dijo Sheenan, que, como quizá haya notado, tenía una maravillosa vena filosófica. «Hay que entablar un combate mano a mano con uno mismo». Aunque esto puede parecer muy profundo (y muy inquietante), en realidad no lo es. «Thoreau habló de que el sentimiento de dolor y el de placer son muy difíciles de distinguir», afirmó Sheenan. «Se sufre durante la carrera, después se cruza la línea de meta y uno se siente tan bien consigo mismo que está dispuesto a hacerlo otra vez».

Tenía razón. Puede que el camino sea duro, pero terminar una carrera es un ejercicio de puesta al día personal. En EE.UU., hace años se usó este eslogan para los anuncios del ejército: «¿Está usted haciendo todo lo que puede hacer?». Después de una carrera difícil, este eslogan adquiere un nuevo significado, aunque no lleve un uniforme. Se ha esforzado hasta el máximo de sus capacidades y lo sabe. Es una experiencia profunda, un logro, a un nivel más práctico, es una excelente herramienta para motivarse. En una ocasión entrevisté a un chico que había quedado último en una prueba de triatlón. «¿Por qué?», le pregunté. «Porque la carrera me proporciona una meta», dijo. «Si no, todos los entrenamientos serían una lata, me aburriría».

Usted no tiene por qué participar en una prueba de triatlón o en una maratón para competir, para experimentar esas sensaciones, para darle a sus entrenamientos el objetivo que probablemente necesitan en un determinado momento. Incluso puede utilizar una carrera local de ocho kilómetros como la culminación del plan de iniciación que se propone en este libro. No se preocupe por sus marcas o por el puesto en el que llega. Casi estaría dispuesto a apostar los beneficios de este libro a que no llegará el último. Y aunque lo hiciera, ¿qué más da? Su primera carrera no es el momento de preocuparse por la velocidad. Debería preocuparse más por terminar fuerte, sintiéndose bien y divirtiéndose.

Si realmente siente la necesidad de probarse a sí mismo en una carrera, hay una forma inteligente de hacerlo: de forma progresiva. Esto quiere decir que debe empezar siendo prudente e intentar ir cogiendo velocidad a cada kilómetro. Para un corredor experimentado, podría ser un error, pero para un principiante es, en mi opinión, la mejor forma de acabar la carrera.

Hay otras buenas razones para participar en una carrera. Son relativamente baratas y el dinero recaudado normalmente se destina a una buena causa, como por ejemplo, obras de caridad en la comarca. Además, obtendrá uno de los elementos más importantes para un corredor, aparte del calzado: una camiseta, que podrá vestir con orgullo después de la carrera. Y por encima de todo, está el ambiente. «Hay una energía especial en las carreras», dijo un corredor en una ocasión. «Hace que correr sea más emocionante». Tiene razón. La carreras rebosan electricidad y excitación. También son agradables encuentros sociales, en los que los viejos amigos se vuelven a ver y se hacen amistades nuevas. De hecho, mucha gente opina que el primer motivo por el que van a una carrera es la atmósfera de fiesta y la camaradería que hay en ella.

Prepararse en serio para una carrera implica cambiar el plan de entrenamiento. No puede seguir saliendo a correr para hacer simplemente el mismo número de kilómetros, al mismo ritmo, tres o cuatro veces por semana. Tiene que entrenarse en distancias más largas, es decir, recorrer una distancia mayor que la de la carrera con el fin de trabajar su base física. Puede que quiera realizar ejercicios de talones para mejorar la fuerza de las piernas. Y no olvide hacer carreras rápidas, para trabajar la velocidad, en pista o en carretera.

Puede parecer pesado y a veces lo es. Pero si quiere llegar lejos en este deporte, éste es el tipo de cosas que debe hacer. La recompensa, en mi opinión, merece el esfuerzo. Los progresos pueden ser progresivos o rápidos, según el individuo, pero la mayoría de los corredores suele alcanzar su punto más alto años después de empezar. Esto quiere decir que tiene algo con lo que soñar: mejores marcas y rendimientos según se vaya haciendo mayor. Uno de los aspectos más divertidos de este deporte es la impaciencia con la que los corredores esperan los cumpleaños que el resto de la gente teme. Las categorías de edad para las carreras normalmente se agrupan por incrementos de cinco años, de modo que un corredor que cumpla los 50 puede esperar ser el más joven (y en teoría el más rápido) de la categoría que comprende a los corredores de entre 50 y 54 años.

Entrenar para competir en serio es el punto en el que termina este libro. Pero hay muchos otros libros que pueden serle muy útiles como guía. Dos de los mejores entrenadores y escritores son Jeff Galloway y Bob Glover, cuyos libros se enumeran en la bibliografía. Si decide competir en serio (ahora o en el futuro), le recomiendo que los consulte. También encontrará información sobre carreras y entrenamientos en las revistas *Runner's World* y *Running Times*.

Mientras tanto, no quiero darle la impresión de que no puede disfrutar corriendo solo o con unos amigos, sin competir. Puede hacerlo. Después de todo, hasta los corredores profesionales más experimentados sólo compiten los fines de semana. El resto de los días hacen lo mismo que los demás corredores: corremos y apreciamos la sencillez y la accesibilidad de este deporte. Saboreamos el tiempo que pasamos fuera de casa, solos con nuestros pensamientos o junto con amigos. Disfrutamos del sentimiento de bienestar físico y mental que produce. Nos deleitamos con el placer absoluto del ejercicio más básico y natural. Ésa es la esencia de este deporte. Buena suerte.

APÉNDICES

EJEMPLO DE PLAN DE ENTRENAMIENTO

El siguiente plan se diseñó para ayudar al corredor principiante a iniciarse en este deporte. Para empezar, sólo hay que andar. El objetivo es aumentar su salud cardiovascular mientras los músculos se adaptan poco a poco al ejercicio. En la tercera semana, empezará a correr a un ritmo suave, alternándolo con intervalos en los que seguirá caminando. Cuando empiece a correr, no se preocupe por la velocidad. Lo importante es que se sienta cómodo con sus movimientos y que se divierta sin frustrarse ni lesionarse.

Alrededor de la octava semana, le sugiero que corra por pista para medir su velocidad y la distancia que recorre. No obstante, tenga en cuenta que su ritmo variará de acuerdo con su nivel de fatiga, el clima, el terreno y otros factores. Su objetivo debería ser ir a paso de *conversación*. En otras palabras, debería ser capaz de mantener una conversación sin perder el aliento.

Notará que en el plan hay muchos días de descanso. Le sugiero que los use para hacer ejercicios de fuerza o estiramientos.

Después de la decimocuarta semana, puede empezar a añadir cinco minutos cada día a su entrenamiento. En esta fase, puede probar a correr dos días consecutivos y descansar al tercero. Uno de los entrenamientos debería ser relativamente intenso y estar seguido por otro más fácil, para que pueda recuperarse. Por ejemplo, corra durante 45 minutos el lunes y el martes sólo 30. Después, descanse el miércoles. Cuando haya llegado a correr durante 60 minutos, puede intentar algo nuevo: correr 10 kilómetros. En este punto, puede que quiera probar su nueva forma física en una carrera local.

SEMANA	LUNES
1	Caminar 20-30 min.
2	Caminar 30-45 min.
3	Caminar 5 min. y correr 3 min. (tres veces), caminar 5 min.
4	Descanso
5	Caminar 5 min., correr 8 min., caminar 3 min., correr 8 min., caminar 3 min., correr 5 min., caminar 5 min.
6	Descanso
7	Caminar 5 min., correr 12 min., caminar 3 min., correr 12 min., caminar 3 min., correr 12 min., caminar 5 min.
8	Descanso
9	Caminar 5 min., correr 18 min., caminar 2 min., correr 18 min., caminar 2 min.
10	Descanso
11	Descanso
12	Caminar 5 min., correr 30 min., caminar 5 min.
13	Descanso
14	Descanso

SEMANA	MARTES
1	Descanso
2	Descanso
3	Descanso
4	Caminar 5 min., correr 5 min., caminar 3 min., correr 5 min., caminar 3 min., correr 5 min., caminar 5 min.
5	Descanso
6	Caminar 5 min., correr 10 min., caminar 3 min., correr 10 min., caminar 3 min., correr 10 min., caminar 5 min.
7	Descanso
8	Caminar 5 min., correr 15 min., caminar 2 min., correr 15 min., caminar 5 min.
9	Descanso
10	Caminar 5 min., correr 20 min., caminar 1 min., correr 10 min., caminar 5 min.
11	Caminar 5 min., correr 25 min., caminar 1 min., correr 10 min., caminar 5 min.
12	Descanso
13	Caminar 5 min., correr 35 min., caminar 5 min.
14	Caminar 5 min., correr 40 min., caminar 5 min.

SEMANA	MIÉRCOLES	JUEVES	VIERNES	SÁBADO	DOMINGO
1	Caminar 20-30 min.	Descanso	Caminar 20-30 min.	Descanso	Caminar 20-30 min.
2	Caminar 30-45 min.	Descanso	Caminar 30-45 min.	Descanso	Caminar 30 min.
3	Igual que el lunes	Descanso	Igual que el lunes	Descanso	Igual que el lunes
4	Descanso	Igual que el martes	Descanso	Igual que el martes	Descanso
5	Igual que el lunes	Descanso	Igual que el lunes	Descanso	Igual que el lunes
6	Descanso	Igual que el martes	Descanso	Igual que el martes	Descanso
7	Igual que el lunes	Descanso	Igual que el lunes	Descanso	Igual que el lunes
8	Descanso	Igual que el martes	Descanso	Igual que el martes	Descanso
9	Igual que el lunes	Descanso	Igual que el lunes	Descanso	Igual que el lunes
10	Descanso	Igual que el martes	Descanso	Igual que el martes	Descanso
11	Descanso	Igual que el martes	Descanso	Igual que el martes	Descanso
12	Descanso	Entrenamiento combinado	Igual que el lunes	Descanso	Igual que el lunes
13	Descanso	Igual que el martes	Descanso	Igual que el martes	Igual que el lunes
14	Descanso	Igual que el martes	Descanso	Descanso	Descanso

OTRAS FUENTES DE INFORMACIÓN

Revistas nacionales sobre atletismo (de España)

Atletismo español. Publicación de la Real Federación Española de Atletismo.
Para obtener información sobre suscripciones, escriba a Avda. de Valladolid, 81, 28008 Madrid, o llame al 91 541 19 27.

Corricolari. El corredor y su mundo.
Para información sobre suscripciones, escriba a P.º Marqués de Monistrol, 7 - 2.º Izda. 28011 Madrid, o llame al 91 479 86 61.

Revistas nacionales sobre atletismo (de EE.UU.)

Runner's World
Para obtener información sobre suscripciones, escriba a: P.O. Box 7307, Red Oak, IA 51591-0307; o llame al 800-666-2828.

Running Times
Para obtener información sobre suscripciones, escriba a: P.O. Box 511, Mt. Morris, IL 61054; o llame al 800-877-4502.

Asociaciones nacionales (de España, Europa e Hispanoamérica)

Real Federación Española de Atletismo
Avda. de Valladolid, 81
28008 Madrid
91 548 24 23. E-mail: rfeaesp@ibm.net

Asociación europea de Atletismo
Alsfelder strasse, 27
64289 Darmstadt (Alemania)
49 6151 770870

Asociación Iberoamericana de Atletismo (AIA)
Ferraz, 16
28008 Madrid
91 541 06 93

Asociaciones nacionales (de EE.UU.)

Road Runner's Club of America
629 South Washington St./Suite 250
Alexandria, VA 22314
(703) 836-0558
Se trata de una asociación formada por distintos grupos. También publica un periódico trimestral, *Footnotes*, y diversos folletos sobre atletismo.

American Running and Fitness Association
4405 East-West Highway
Bethesda, MD 20814
1-800-776-ARFA
Es una asociación cuyos miembros son corredores y gente relacionada con la salud. Publica un periódico mensual, *FitNews*.

AGRADECIMIENTOS

Mucha gente ha contribuido al nacimiento de este libro. De hecho, he contado con el asesoramiento de expertos en medicina y en atletismo, sin cuya generosa ayuda este manual habría sido básicamente imposible realizar: Nancy Clark, escritora y experta en nutrición deportiva, famosa en EE.UU.; Bob Cook, dueño de la tienda de artículos deportivos *The Runner's Edge*, en Farmingdale (Nueva York); Larry Davidson, entrenador y asesor de la *American Heart Association* (asociación americana del corazón); Edward Fryman, Diplomado en Psicología y director médico de la maratón *Newsday* de Long Island (Nueva York); John Peters, Doctor en Medicina, corredor de maratones y cardiólogo del *North Shore University Hospital*; Mike Polansky, presidente de la asociación *Plainview-Old Bethpage Road Runners Club*; el pediatra Reuben Reiman, Doctor en Medicina; Andrés Rodríguez, Doctor en Medicina, director médico de la maratón de Nueva York; Thomas Scandalis, Doctor en Medicina, jefe de medicina deportiva del *New York College of Osteopathic Medicine/New York Institute of Technology* (Colegio de Nueva York de Medicina Osteopática/Instituto de Tecnología de Nueva York), de Old Westbury (Nueva York); y, por último, el difunto George Sheehan, Doctor en Medicina, el rey de los filósofos del atletismo.

También me gustaría dar las gracias a tres amigos que colaboraron en la investigación y en la redacción de este libro: los escritores Don Mogelefsky y Paul Hertneky, por su especial contribución a los capítulos 5 y 7, respectivamente; y Zachary Miller, que me ayudó meticulosamente en la investigación y participó en la preparación de los apéndices.

Parte del material de este libro ha aparecido en una u otra forma en diversas publicaciones que he escrito a lo largo de la última década. La primera y la más importante de ellas es *Newsday*. He escrito sobre atletismo y forma física para las ediciones de Long Island y Nueva York durante casi diez años. Me gustaría expresar mi reconocimiento a las personas que me han dado oportunidades y gracias a las cuales he aprendido mucho sobre la profesión de periodista. Merecen una mención especial Paul Ballot, A. J. Carter, Tony Castineiras, Bob Herzog, Tim Layden, Gary Schwartz y John Quinn, de la sección deportiva de *Newsday*.

De igual modo, gracias a mis compañeros de la revista *Runner's World*, en la que he colaborado con mis artículos durante unos tres años y, especialmente, a su editor ejecutivo, Amby Burfoot, que es un excelente corredor, un gran escritor y un verdadero caballero.

También me gustaría agradecer a Gordon Bakoulis, Stan Kramberg (mi mayor admirador, después de mi madre) y Raleigh Mayer, de la asociación *New York Road Runners Club*, la ayuda y los ánimos que me han dado. Asimismo, le doy las gracias a mi agente, Julian Bach, a mi confidente, Lee R. Schreiber, así como a Peter Burford y a Amy Young, de la editorial Lyons & Burford, por lo agradable que ha sido trabajar con ellos.

Los compañeros con los que he entrenado también merecen reconocimiento, no sólo por la amena compañía que me han brindado a lo largo de los años, sino también por sus conocimientos y su experiencia, que se incorporó en gran medida en mi libro: Patti Coyle, Bill Gilmartin, Doug Hynes, Greg Karl, Marty Linsky, Bill Prewitt, Mike Sharrer y Bud Rourke.

A las dos mujeres de mi vida: mi madre, Dolores Hanc, y mi esposa, Donna, cuya contribución a este proyecto ha sido tan importante que podría haberla mencionado como colaboradora, pero que merece un lugar especial en estas páginas, así como en mi vida.

Por último, a todos los que se dedican a correr: pasadlo bien. Nos vemos en la carretera.

JOHN HANC
Farmingdale, Nueva York

REFERENCIAS BIBLIOGRÁFICAS

Relacionamos a continuación la bibliografía en inglés empleada por el autor en la confección de este texto, así como los textos en castellano consultados por los traductores y revisor para la edición en castellano de este libro.

ANDERSON, BOB. *Stretching*. Bolinas, Calif.: Shelter Publications, 1980.

AVERBUCH, GLORIA. *The Woman Runner: Free to be the Complete Athlete*. New York: Cornerstone Library/Simon and Schuster, 1984.

BAILY, COVERT. *Fit or Fat*. Boston: Houghton Mifflin, 1977.

BEAN, ANITA. *Guía completa del entrenamiento de la fuerza*, Tutor, 1999.

BLOCH, GORDON BAKOULIS. *Cross-training: The Complete Training Guide for All Sports*. New York: Fireside/Simon and Schuster, 1992.

CIANTI, GIOVANNI. *Manual Tutor del Fitness* (2.ª ed.), Tutor, 1998.

CLARK, NANCY. *Sports Nutrition Guidebook*. Champaign, Ill.: Leisure Press, 1990.

FIXX, JAMES F. *The Complete Book of Running*. New York: Random House, 1977.

GALLOWAY, JEFF. *Jeff Galloway's Complete Book on Running*. Bolinas, Calif.: Shelter Publications, 1984.

GLOVER, BOB y PETE SCHUDER. *The New Competitive Runners Handbook*, 2.ª ed. New York: Penguin Books, 1988.

HIGDON, HAL. *Masters Running Guide*. Van Nuys, Calif.: National Masters News, 1990.

LEBOW, FRED, GLORIA AVERBUCH y cols. *The New York Road Runners Complete Book of Running*. New York: Random House, 1992.

MICHELI, LYLE J. *La nueva medicina deportiva,* Tutor, 1998.

MUÑOZ SOLER, ALBERTO y LÓPEZ MESEGUER, FRANCISCO JAVIER. *Guía de alimentación para el deportista,* Tutor, 1997.

NOKES, TIM. *The Lore of Running.* Champaign, Ill.: Leisure Press, 1991.

NORRIS, CHRISTOPHER M. *Entrenamiento abdominal,* Tutor, 1998.

PAISH, WILF. *La dieta en el deporte,* Tutor, 1993.

SHANGOLD, MONA. *The Complete Sports Medicine Book for Women.* New York: Simon and Schuster, 1985.

SHEEHAN, GEORGE. *Running and Being: The Total Experience.* New York: Simon and Schuster, 1978.

ÍNDICE ALFABÉTICO

Otros títulos disponibles en **TUTOR:**

Manual de las ciencias del deporte
Wilf Paish

Entrenamiento abdominal
Christopher M. Norris

Guía completa del entrenamiento de la fuerza
Anita Bean

Métodos 5BX y XBX
Tablas de ejercicios para hombres y mujeres
Real Fuerza Aérea Canadiense
(3.ª edición)

Entrenamientos para alcanzar el máximo rendimiento
Wilf Paish

La nueva medicina deportiva
Lyle J. Micheli

Guía de alimentación para el deportista
Alberto Muñoz Soler
y Fco. Javier López Meseguer

La dieta en el deporte
Wilf Paish
(3.ª edición)

Los masajes en el deporte
Vicente Montiel

Trastornos mentales en el deporte
Alberto Muñoz Soler

Otros títulos disponibles en **TUTOR:**

Manual Tutor del Fitness
GIOVANNI CIANTI
(2.ª edición)

Natación para todos
DRA. JANE KATZ

Aquagym (La gimnasia en el agua)
C. GOURLAONEN y J. L. ROUXEL

Fitness para mujeres
ERIC TAYLOR

Power stretching. Estiramientos aplicados a las artes marciales
EDOARDO ROSSO

Manual Tutor del Stretching
GIOVANNI CIANTI
(2.ª edición)

El stretching, como fundamento de belleza y salud
GIOVANNI CIANTI
(2.ª edición)

Andar por la vida
DEENA y DAVID BALBOA

Pedaleando por la vida
PETER KONOPKA